西方传统节日与文化

Western Traditional Festivals and Culture

耿卫忠 编著

书海出版社

SHUHAI PUBLISHING HOUSE

图书在版编目（CIP）数据

西方传统节日与文化／耿卫忠编著．— 太原：书海
出版社，2006.1（2009.11 重印）
ISBN 978 – 7 – 80550 – 719 – 4

Ⅰ. 西…　Ⅱ. 耿…　Ⅲ. 节日 – 风俗习惯 – 西方国家
Ⅳ. K 891.1

中国版本图书馆 CIP 数据核字（2005）第 149531 号

西方传统节日与文化

编　著：耿卫忠	网　　址：www.sxskcb.com
责任编辑：赵　玉	经 销 者：新华书店
封面设计：一　石	承 印 者：山西新华印业有限公司
出 版 者：书海出版社	开　　本：960mm×787mm　1/16
地　　址：太原市建设南路 21 号	印　　张：9
邮　　编：030012	字　　数：135 千字
电　　话：0351 – 4922220（发行中心）	印　　数：11 501 – 16 500 册
0351 – 4922235（综合办）	印　　次：2009 年 11 月第 3 次印刷
E – mail：Fxzx@ sxskcb.com（发行中心）	定　　价：32.00 元
Web@ sxskcb.com（信息室）	

"节"最初在汉字中是指植物叶与枝交接的部位,就如《易·说卦》中所言:"其于木也,为坚多节。"动物的骨骼衔接处也叫节——骨节。以此引申出的一年之中的节日则意味着具有关键而特定的意义。

"日历上如果没有了节日,我们的生活突然变得没有了期待,我们的日子会过得单调、沉闷。"节日也可以说是一种文化的浓缩,正因为有了一个个丰富多彩的节日,才绘成了人类历史中一幅幅美丽动人的"年画"。我们年复一年地穿越着春秋冬夏,也感受着每一个节日带来的欢乐。

西方节日文化与中国同样有着悠久的历史,它作为西方文化的一个重要组成部分,在很大程度上体现了西方国家、民族的历史及其文化渊源,并且节日在每一个民族发展的历史进程中又形成了各自不同的风俗习惯。所以我们透过西方的节日文化及其习俗,可以更充分认识西方各民族的历史与文化,因此有助于我们与西方各国各民族加强沟通与了解,为更好地开展国际交流提供一个窗口。

本书以时间先后为序,对一年当中西方的传统节日进行简述,以此揭示其文化内涵与习俗内容。从节日的起源,历史的发展,到今天的影响;从节日的庆典,礼仪的传承,到习俗的传播,全面、形象、直观地介绍西方传统节日所蕴含的丰富多彩的文化,及其古老而纯朴且富有感染力、吸引力的习俗。在"全球化"的今天,为我们展开中西文化对话、积极参与人类现代文化共构做出贡献。

目录

目录

目录

新年的故事

古巴比伦传统

新年在西方可以说是庆祝历史最悠久的节日，大约要追溯到公元前 2000 多年的古巴比伦时期。那时古巴比伦人就开始将每年春分后的第一个月定为新年，视为新的一年的开始。这也许是因为在春天的季节里谷物重生、万物复苏的原因吧。实际上，将新年定为 1 月 1 日，既非天文学上的理由，也非地理学上的原因，纯属主观决定。古巴比伦人对新年的庆祝至少要 11 天的时间，每天都有不同的方式，不过可以确定的一点是，现代新年除夕节之风在很大程度上继承了古巴比伦的传统。

古罗马传统

到了罗马时代初期，古罗马人仍然继承了古巴比伦人的传统，在 3 月末庆祝新年。后来，由于罗马历法多次被修改，新年的日期也就随之而变。为了适应新的历法，罗马上院于公元前 135 年将 1 月 1 日定为新的一年的开始。后来又经历了多次变动，直到公元前 46 年罗马皇帝恺撒在位时，才最后将元月 1 日确定为新年的开始。不过，根据恺撒的历法，每年有 445 天。

基督教传统

虽然到公元 1 世纪罗马人庆祝新年的传统仍在继续，但新年被基督教会视为异教的节日。在基督教发展越来越普遍的情况下，早期教会逐渐在庆祝新年的过程中加入了有自己宗教特色的内容和仪式，直至今天，有的教派

火树银花——巴黎香榭里舍大街庆祝新年的烟火。

1

教会还把这天定为基督受割礼日。直到中世纪,天主教会仍反对庆祝新年。自1582年开始采用的格列高利历法(目前通用的阳历)对月份的划分做了变动,但新年的习俗在西方各国一直延续至今。如今的新年习俗也掺入了欧洲各国的旧习俗。如此看来,1 月 1 日在西方国家作为新年庆祝大约只有400 年的历史。

1月的来源

英语January(1 月)出自拉丁文 Janus 一语,即"守卫门户的罗马神"。它是一位代表出生、死亡,开始、结束的两面神,因而 January 是辞旧迎新的意思,是古代埋葬过去、驱赶恶魔习俗的延续和发展。现在的人们则用吹号角、鸣汽笛等喧哗热闹的方式来与过去的错误与失败告别,并通过抛洒五彩纸屑、吹口哨或是高声喊叫等欢乐的举动来迎接新年的到来。人们隆重地送走时间老人——手握长柄镰刀的白胡子老人,同时又欢天喜地地迎来新年的象征物——胖乎乎的小天使。

迪斯尼乐园的花车——"最快乐的庆祝"在第 116 届加利福尼亚玫瑰花车竞赛游行中经过观众面前。2005 年游行的主题是"歌颂家庭"。

新年的传统习俗与文化

新年的决心

在西方的传统中, 新年表决心是一个古老的习俗。这个传统起源于古巴比伦,古巴比伦人最普遍的新年表决心是重返农业社会。而现代人的思想则转向了未来,表达对未来美好与幸福生活的向往。人们互赠贺卡,互祝健康长寿。新年意味着新的开端,在这一天人们立下很多"誓言"。

如小孩子的誓言是:"我一定在新年里改正恶习"、"我决心不再取笑姐姐"、"我决心把部分零用钱存起来"、"我决心在上床前把衣服挂好"等。他们往往在这些"决心"上签名,并交给父母保管好。

大人们也会庄严地表示:"我决心戒烟"、"我决心减肥"、"我决心学一门新语言"等。

第116届加利福尼亚玫瑰花车游行中以中国国宝大熊猫造型的彩车，获得最突出设计奖。

玫瑰花车游行

新年前后的美国西海岸，气候温暖，玫瑰盛开，玫瑰花也因此被誉为美国的国花，它象征着美丽、芬芳、热忱和爱情。一年一度盛大的玫瑰花车游行则更是让玫瑰花誉满全球。玫瑰花车游行始于1890年，美国一位名叫赫顿（Valley Hunt）的加利福尼亚医生在新年之际举办了第一届玫瑰花会。他用玫瑰花将马车装饰成五彩缤纷的花车，在街市上游行，庆祝加利福尼亚柑橘的成熟。参加这一次游行的人数多达两万。此后玫瑰花车游行就成了每年一次的新年盛会，只是从1901年起，花车从马车改成了汽车，花车的设计也越来越巧妙和多样。

玫瑰花车游行到现在，已经成为美国加州一年一度盛大的传统节日之一。每年1月1日，全国甚至是全世界各地近50多辆大型玫瑰花车相约而至。玫瑰橄榄球队、全美高校乐队以及各式各样的表演也都云集在这个玫瑰色的日子里，各显千秋。明媚的阳光和着迷人的歌声、笑声和鼓号声吸引了全国近百万的人。游行的玫瑰花车内有白玫瑰织成的"白色宝座"，"玫瑰皇后"身穿白礼服、头戴珠冠端坐其上，"皇后"的左右各有3位身着绿色礼服的"玫瑰公主"相伴，在白与绿的映照之下，她们不停地向游行的人群挥手，致以节日的问候与祝福。在"玫瑰皇后"花车的前后，则是一队英俊威武的骑士护花使者。在其他花车的簇拥之下，他们缓缓前行。游行的队伍形成了一条长达7千米的"花龙"，人们尽情地享受着这玫瑰色的节日，陶醉在到处洋溢着花香的喜庆与幸福之中。

玫瑰花车游行的庆祝主题每届各异，无论是花车的设计还是节目的表演都要围绕一个主题进行。由于这些花车大多数是由美国各州以及世界各地的大跨国公司冠名，所以各车的主题创意自然也就由这些公司负责。创意被认可后，按总部规定特殊区域的长宽高尺寸，由招标认定的几家公司统一制作而成。不过无论主题创意如何，制作的主体材料永远是玫瑰，搭配的材料也大多新颖别致，或冒烟或喷气或旋转，整个造型夸张灵活，色彩艳丽，富有想象力。花车游行结束后，一方面由媒体与观众评选出最佳花车；另一方面仍要有序地排列几天，供人观赏，以便尽兴。

酒神的再生

远在公元前600年的希腊，人们常常用一个婴孩代表新的一年的开始，这一传统起源于古希腊

人对酒神狄俄尼索斯(Dionysus)的崇拜。每到新年的这一天，希腊人会把一个婴孩放在篮子里游行，象征着多产之灵的酒神一年一度的再生。这样的一种仪式起初遭到了教会坚决的反对，因为这种用婴孩代表再生的做法违背了教会的教义，被视为是对偶像的崇拜。不过到后来教会还是同意了信徒用这种方式庆祝新年，只是意义有所不同，这时的婴孩喻意基督的诞生。这种在庆祝新年时用婴孩作为万物再生象征的习

酒神的狂欢　　　　　　　　　　　　　　　　　　　　　提香[意]　1519

俗在德国从 14 世纪开始，后来他们又将这种习俗带入了早期的美洲。古埃及也同样用婴孩象征复活与再生。

幸运的新年

在传统观念中，新年这一天做什么或吃什么都会影响到来年运气的好坏。就因为这个原因，人们都盼望着在新年的第一时间与家人、同事或朋友一起庆祝。通常除夕的各种晚会都要举行到深夜，直到新年的钟声响起——因为每一个人都希望成为第一个迎接新年的幸运人，以求在新的一年里能平安、幸福，财源广进。

传统上新年的饮食也是运气的象征。在许多文化背景中，圆圈食品就是好运的象征，因为它代表着圆满，预示着来年凡事圆圆满满，有始有终。比如荷兰人在新年的第一天吃面包圈，以求有一个美好的未来。在美国的许多地区黑眼豌豆(black-eyed pea)是新年期间最畅销的食物之一，豆子与猪颊肉或火腿搭配则是最具特色的年饭，因为黑眼豌豆以及其他豆类在很多种不同的文化传统中都属吉祥食物，猪肉则象征着繁荣昌盛。卷心菜是另一种在新年时畅销的新年幸运菜，因为它的叶子同样是繁荣的象征，新年吃卷心菜则被认为来年逢考必过。也有一些地区视大米为幸运的年饭。

友谊地久天长

世界各地说英语的国家的人们，在新年钟声响起的时候，通常要用一首古老的歌曲《友谊地久天长》来庆祝新的一年的开始。这首传统的经典歌曲在公元 1700 年由罗伯特·伯恩斯(Robert Burns)

改编而成,并在伯恩斯死后的1796年第一次公开出版发行,到如今已流行了3个多世纪。"Auld Lang Syne"的字义是"很久以前"(old long ago)或简单地说"快乐的往日"(the good old days)。

1月5日~7日 白人和黑人节

　　每年1月5日~7日的白人和黑人节是哥伦比亚的民间传统节日,其中以纳里尼奥省帕斯托市的节日活动最负盛名。白人和黑人节历史悠久,相传起初人们为了寻求人人平等、不分贵贱的生活,城内邻里们自发地在1月5日~7日组织聚会。聚会时,人们用木柴燃起篝火,并围绕篝火欢歌起舞,此时的平民可以通过歌舞排解往日繁重劳动所带来的辛苦和常年饱受剥削而激起的怨恨情绪。日复一日,年复一年,活动的规模越来越大,一直发展成今天别具一格的节日。

　　白人和黑人节一共庆祝3天。节日的第一天,人们提着早已准备好的装满了黑色颜料的小盆子,站在大街的两旁。等路人经过时,无论男女老少都叫过来,并且不由分说将黑色颜料涂在他们的脸上,让他们成为"黑人"。街市上的商店除卖酒和饮料的之外,其他商店一律闭门谢客。停止了工作的人们尽情跳舞、唱歌,开怀畅饮。按照传统的节日风俗,此时此地的人们不分种族、年龄和地位,都可以相互戏谑取笑或是拥抱跳舞等。"正是在追求自由与平等这一意义上,白人与黑人节才被人们一直传承了下来,而人们在节日时也才过得那么自豪开心。"然而到了节日的第三天,情况与第一天截然相反,人们相互在脸上抹白色颜料,大家又都变成了"白人"。也有些人在脸上画上不同的图案,或者是脸的一半是白色,另一半则是黑色。如此一来,满街都是真假难辨的"白人"和"黑人",以及半白半黑的"阴阳人",煞是好看。不仅人的脸以黑白为主,就连满街的车子也分为黑白两种。在这黑白不分的时光中,人们彼此追逐、戏谑,到处抛撒滑石粉或玉米粉,使整个街市白烟遍布,甚是呛人。尽兴的人群开始聚集化装游行,这是节日的高潮,直到8日的早晨。近些年来,人们画脸用的颜料已不限于黑白二色,被涂抹得五色斑斓的脸给节日增添了更多的乐趣。

1月19日 洗礼节

　　洗礼节属东正教的节日,在公历1月19日。洗礼节又叫主领洗节或耶稣受洗节,是纪念耶稣受洗的节日。据《圣经》中福音书的记载,耶稣开始正式出来传道时大约30岁,传道之前,他先在约旦河接受了先知施洗约翰的洗礼。在耶稣接受洗礼时,有圣灵仿佛鸽子落在他身上,正如施洗约翰自己作见证说:"我曾看见圣灵仿佛鸽子从天降下,落在他的身上。我先前不认识他,只是那差我来用水施洗的对我说:'你看见圣灵降下来落在谁身上,谁就是用圣灵施洗的。我看见了,证明他就是上帝的儿子。"相传耶稣受洗时,不但有圣灵仿佛鸽子降下的奇迹,天也开了,并有声音从天上发出说:"这是我的爱子,

是我所喜悦的,你们要听他的。"耶稣受洗时的这一切迹象都证明他是上帝的儿子,圣灵降临在他身上代表圣灵的膏立,那么耶稣就是受膏者,是基督,是上帝的儿子了。洗礼节也就由此而来。

在洗礼节这天,人们纷纷涌进教堂祈祷,有许多人在这天接受洗礼,因此,这一天传统上也就成了教会的入教仪式日。洗礼时一般分两种仪式。一种是"点水礼",主礼人一边口诵规定的经文,一边往受洗人的头上或额上洒水。另一种称为"浸水礼",此礼往往是在事先预备好的池子里进行,受洗人要全身浸入水中,代表着受洗者完全、彻底地皈依。洗礼后给受洗者戴上十字架项链。洗礼时一般都有父母陪伴,若是父母不在场,也要为受洗者指定一位保证人或监护人,他们就被称为"教父"或"教母"。

洗礼节的这天,人们要到江河里破冰取水,称之为"圣水",也有人跳到冰窟窿里去洗一洗。洗礼节前夜则是占卜日,很多人会在这天占卜自己的未来,女孩子们更是要占卜一下自己的终身大事。

耶稣受洗　　　　　　　　　　　　　　　　弗朗西斯卡[意] 1450

2 月 2 日 土拨鼠节/圣烛节

土拨鼠如何拥有了一个自己的节日?

　　行动缓慢的土拨鼠常常被称为旱獭,是唯一一种有节日因它而得名的哺乳动物。土拨鼠节定于 2 月 2 日,但它不是一个公共假日,没有人在这一天休息。土拨鼠又是如何获得如此尊荣的呢?这要从古人一种传统的信仰说起。古时的人们往往认为冬眠的动物有一种预知季节的本能,因此人们也就可以根据它们入洞冬眠的时间判断冬天是否临近,同样也能从这些动物何时出洞得知春天是否到来。因此,冬眠的动物从古代开始就被人们所尊重,而土拨鼠则是其中一个幸运的代表。

土拨鼠节的传统

　　庆祝土拨鼠节的传统相传是由德国移民于 18 世纪带入美国的,他们有时也将獭视为冬春的气温计。但是这些传统被带到美国之后有了很大的变化,因为土拨鼠节这一天刚好又是基督教传统节日中的圣烛节,即基督徒庆祝耶稣诞生后 40 天玛利亚的洁净日。圣烛节介于冬天第一天与春天第一天之间。传统上认为这天若是一个晴天,余下的 6 个星期则必然会是寒冷且多风暴的天气。相反,如果这天是雨雪天气,后来 6 个星期的冬天就会温和。对于动物而言,它们在这天若能看到自己的影子,就意味着今天是晴天,借此它们可知寒冷天气的到来,正如一首诗中所说:

If Candlemas be fair and bright,
Winter has another flight.
If Candlemas brings clouds and rain,
Winter will not come again.

如果圣烛节晴朗而洒满阳光,
冬天的严寒依旧。
若是圣烛节阴雨连绵,
冬季从此将随风而去。

　　预知春天的到来并不是土拨鼠和獾独有的本领,在欧洲的其他地区,熊和刺猬也有这种本能。不过无论如何,作为冬眠动物被授予如此的荣耀仍是不多见的。而更有意思的是,它们的出现如同春天使者,向人们报告春天的脚步近了。

　　传统上土拨鼠被认为在2月2日从冬眠中醒来,并走出洞穴。如果它们看到了自己的影子,它们会再入洞中等待6个星期,因为这天是晴天,则意味着冬天还有6个星期才结束。如果看不到自己的影子,它们就不再回洞,而是在地上开始它们的新生活,因为它们知道今年的春天提早来临。

宾夕法尼亚的土拨鼠节

　　在美国,庆祝土拨鼠节比较隆重的地方是宾夕法尼亚。每年2月2日,人们一大早就开始热热闹闹庆祝节日了。装扮成土拨鼠的Punxsutawney Phil(庞克苏塔奥尼·菲尔)被穿着小礼服的侍者从洞里拖出来,然后菲尔将对天气的预测用耳语告诉它的侍者,再由侍者将这一信息告知焦急等待的人们。这是一个表演,也是一个有趣的传统庆祝形式。事实上,春天真正的来临时间是在3月21日前后,所以,无论土拨鼠是待在洞中还是在地面上,从它们开始醒过来到春天的到来必须再等6个星期。

2月14日 情人节

情人节简介

庆祝情人节的一对约旦青年。

　　2月14日情人节,在西方又叫做圣瓦伦丁节(St. Valentine's Day,另译范伦泰节)。它是西方最古老的传统节日之一,大约有2000多年的历史。同时它又是一个年轻的生机盎然的节日,多少年来,人们对情人节的庆祝不但经久不衰,而是越来越多的人们用更加丰富多彩的方式来庆祝它。目前情人节不再是一个西方独享的节日,它的习俗也被更多的东方人接受,所以情人节现已成为一个全球性的节日。情人节在西方是一个仅次于圣诞节的重大节日,对它感兴趣的不仅仅是年轻的恋人与恩爱的夫妻,就是亲朋、好友与亲人之间也要在这一天互致友爱,互表关怀。这是一个爱情飞扬的节日、高歌友谊的日子。

在英语世界里,瓦伦丁(Valentine)是一个用意广泛的词。它既是情人节的名字,也指情人、爱人、情书、情人卡或在情人节互赠的礼物等等。"情人节有着悠久的历史,年代的久远使它的起源显得神秘而众说纷纭,而这漫长的历史岁月又赋予了它丰富多彩的风俗文化。"

情人节的故事

罗马的牧神节

罗关于情人节的来源,有着历史久远的众多美丽的传说,其中之一是说情人节的起源与罗马的牧神节相关。古罗马远在强盛之前就创造了发达的古代文明,与古希腊及其他原始民族一样,古罗马人把爱情、婚姻、生殖看做是人类生命活动的核心,恋爱婚姻也自然成了神秘崇拜的中心内容。在古罗马还只是一座建造于帕拉蒂尼丘(Palatine Hill,后来罗马城建于其上的罗马七丘之一)上的古城时,经济以畜牧业为主,所以在众神之中畜牧神就成了他们的保护神,受罗马人崇拜。古罗马人相信畜牧神可以保护他们的牲畜以及牧人免遭恶狼的袭击,因为当时的罗马城地处荒野之中,野狼常常成群出没,吃羊伤人之事时有发生。所以狼就成了古罗马人生命与财产最严重的威胁。于是在每年的2月中旬,古罗马人都要举行盛大的庆祝活动,祭祀保护者——畜牧神。感谢他在过去的一年里赶走了恶狼,保护了人畜平安,同时又祈求来年人畜兴旺。当时的2月要比现在公历的2月迟得多,所以实际上对畜牧神的献祭活动也正好是迎春的庆祝。又因为这时牲畜的繁殖已临近,所以古罗马人在牧神节庆祝的仪式上包含了对牲畜兴旺的祈祷,后来又添加了祈求人类多子多孙的内容。

特别是在每年的2月15日,畜牧神的祭司们一同聚集在帕拉蒂尼丘畜牧神居住的卢佩耳卡洞穴旁,举行隆重的献祭仪式。据神话传说,罗马的创始人罗米拉斯和雷默斯曾在此洞中被一只母狼喂养。在献祭的过程中,人们在洞口宰杀几头山羊和一只狗当祭品。因为在传说中畜牧神长着羊脚,狗则表

朱庇特与忒提斯　　　　　　　安格尔[法]

9

示对羊群的守护。献完祭之后，祭司们用祭牲的皮做成皮条，然后再叫两位青年过来，先将祭牲的血抹在他们的额头上，之后用在牛奶中蘸过的绵羊毛擦去。接着，这两位青年手持山羊皮鞭，笑着围绕帕拉蒂尼丘奔跑，边跑边用皮鞭向四周抽打。年轻的妇女们争先恐后地挤在道路的两旁，甚至挤到青年的身边，盼望着青年的羊皮鞭能打在她们身上。因为人们相信神圣的羊皮鞭的抽打会让她们易于生育，多子多孙。羊皮鞭的拉丁语是"februa"，意为"涤罪工具"。鞭打的拉丁语是"fabruation"，有净化与纯洁之意。英文2月"February"一词就因此而来，意为"净月"。

母狼哺育被遗弃的双胞胎兄弟，罗马建立者罗米拉斯和雷默斯。他们的母亲是特洛伊战争中勇士伊尼亚斯的后代，父亲是马耳斯。

　　总之，牧神节是罗马人祈求庄稼丰收、牲畜多产、人类多子、风调雨顺、人畜兴旺的一种宗教仪式。在节日里，举行盛大的宴会，人们吃喝、跳舞、游戏。尤其对青年男女来说，更是谈情说爱的好日子。在牧神节的前夜，少女们都要将自己的名字写在一张纸条上，放入一个特别准备好的大坛子中。然后小伙子们每人从坛子中任抽一张，于是被抽到名字的姑娘就成了小伙子节日的舞伴和为期一年的情人。这样的习俗虽然是随机的选择，但往往也会促使许多男女结为百年之好。2月14日这一天，据说是鸟类交配的日子，因而也被认为是人类婚配的吉日。因此牧神节也就逐渐变成了一个实际意义上的情人节，爱则是节日的主题。牧神节作为古罗马的一个重要节日是有史可考的，据历史记载，在公元44年，牧神祭司学院的院长马克·安东尼就选择当年的牧神节为裘利斯·恺撒（Julius Caesar）大帝加冕。

古希腊传说中的《鸟的求爱》。

　　关于牧神节的另一传说是：这个节日庆祝的是浮努斯（Faunus）神，相传浮努斯是罗马神话中的畜牧农林之神，他头上长角，人身羊足，被视为牲畜和牧人们的保护神，能帮助牧人洗罪，庇护丰产，保佑畜群免受野狼的侵袭。在古罗马的神话中，牧神节纪念浮努斯与罗马的始祖即建立罗马城的罗米拉斯有关。相传，在罗米拉斯当政期间，他选择于某一年的2月14日，在罗马众神的神圣之地帕拉蒂尼丘的一个山洞里举行了对浮努斯的首次祭祀仪式，从此每年的这一天就成了庆祝牧神浮努斯的节日，帕拉蒂尼丘山洞也因此被誉为"牧神洞"。

　　还有一种传说，2月14日在古罗马是崇拜朱诺（Juno）的节日。朱诺是罗马众神的天后、主神朱庇特（Jupiter）之妻，主管婚姻与生育。2月15日则为牧神节，是尊奉朱诺和其他众神的节日。

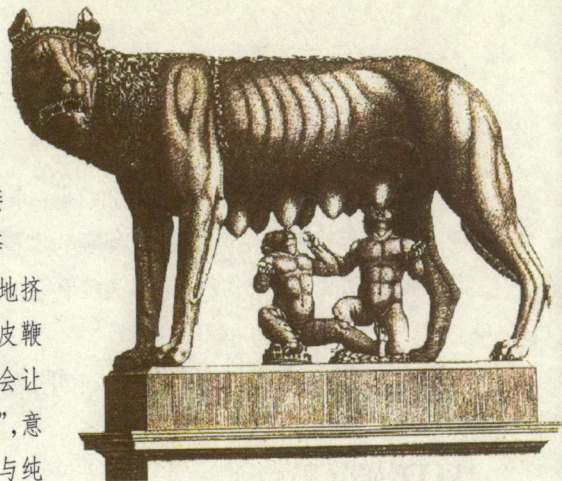

圣瓦伦丁的传说

圣 情人节在西方又叫圣瓦伦丁节，情人节从古罗马的牧神节演化为圣瓦伦丁节经历了一个逐渐演变的历史过程，并与基督教在罗马的兴起有着密切的关系。基督教从 1 世纪末传入古罗马之后，不断地发展兴旺。虽然其间多次被迫害，但最终于 392 年由狄奥多西(Theodosius)正式宣布基督教为罗马国教，从此也受到了挑战。因为基督教徒们认为这些传统习俗都与异教神相关，视这一切为拜偶像的迷信活动，对基督教的信仰有威胁。基督教宣布牧神节是一个邪恶和不道德的节日，但事实上无论基督教如何反对，在牧神节，人们传统的习俗礼仪并无改变，婚配的习俗仍然继续。

教皇盖拉修斯(Galasius)曾于公元 496 年下令禁止牧神节的庆祝活动，但却仍确定这一天为一个特殊的日子，并保留了抽签的活动。只是坛子里纸条上少女的名字换成了一个圣徒的名字，凡抽到的年轻人在这一年里都要以自己所抽中的那位圣徒为榜样。后来基督教为了完全改变古希腊和罗马人的异教信仰，同时又能广泛传播自己的福音，决定选出圣徒瓦伦丁取代异教神成为牧神节的主人。于是将 2 月 14 日庆祝牧神节日(Lupercalia)改为圣瓦伦丁节(St. Valentine's Day)，以此纪念圣徒瓦伦丁的殉道。

瓦伦丁——虔诚而重情的圣徒

关于瓦伦丁的历史同样是众说纷纭。据历史的记载，圣徒瓦伦丁有 5 位，也有说 7 位的。众多瓦伦丁的传说演绎出了许许多多精彩的故事，给节日也带来了丰富的内涵。其中最流行的传说之一是：在公元二三世纪基督教在罗马帝国多次遭受残酷的迫害，有很多基督徒忠于自己的信仰，不向罗马帝国屈服，最终殉道，后来被教会尊为圣徒，瓦伦丁就是其中的一员。相传瓦伦丁是一个虔诚的基督徒，他不满罗马帝国惨无人道的压迫政策，于是召集信徒起来反抗，并因此被捕入狱。瓦伦丁的爱情故事也就因此而起。瓦伦丁在狱中受尽了各种各样的酷刑，但他仍然对自己的信仰笃信不疑，至死不屈。负责监禁他的看守有个女儿，长得美丽、善良而温柔，只可惜双目失明。瓦伦丁对信仰的忠贞和对暴政的不挠深深地感动了看守和她的女儿，他们父女俩非常同情他，时常照顾身处患难中的瓦伦丁。而瓦伦丁也渐渐爱上了这位善良的姑娘。后来在瓦伦丁基督精神的感化之下，父女俩也成了基督徒。

不幸的是，他们的热爱并不能改变瓦伦丁被处决的命运，公元 270 年 2 月 14 日瓦伦丁殉难。在临刑前的早晨，瓦伦丁给那位姑娘写了一封长长的诀别情书，表达了他对姑娘的爱慕之心。当姑娘拆信的时候，一朵橘黄色的番红花从信纸中掉了出来。信最后的落款

是:"你的瓦伦丁书(from your Valentine)。"就在盲姑娘拿信的那一刻,她的眼睛奇迹般地复明了,这就是传说中"情人卡"的来源。所以,在后来流行的情人卡上,人们为了借用圣瓦伦丁之名表白自己的心意,也在卡的末尾写上"from your Valentine"。瓦伦丁的死让那位姑娘痛不欲生,她伏在他的尸体上哀哭不止,所有的旁观者都为之感动。瓦伦丁死后,被安葬在罗马的圣普来克西特教堂(Church of St. Praxedes),那里有一座牌楼是以瓦伦丁的名字命名的(此楼后来改称 the People's Gate)。瓦伦丁死后不久,离他殉难地——巴勒登丘不远处长出了一棵美丽的杏树。树上突然间开满了粉红色的花朵,象征着瓦伦丁永恒的爱情。人们为了纪念瓦伦丁的殉道并借此表达愿天下有情人终成眷属的美好祝愿,确定2月14日为瓦伦丁的纪念日。2月14日也被称为"爱情送出日",即"情人节"。因为瓦伦丁被基督徒视为"圣徒",所以又称"圣瓦伦丁节"。

瓦伦丁——月下主教,情人之友,爱情的守护神

传说之二:相传瓦伦丁原是罗马一位出身高贵的贵族,是基督教的一位主教,他因乐于帮助当时受迫害的基督徒而殉道。公元3世纪,罗马皇帝克劳第斯二世(Emperor Claudius II)为了战争下了一道旨:禁止士兵在服役期间订婚和结婚。他认为,婚姻会削弱战士的斗志,对家人的挂念会使战士在战场上贪生怕死,故无法保证打胜仗。这样的命令对罗马帝国军队中大量正在恋爱中的青年们来说无疑是惨无人道之举。幸好有心地善良、善解人意的年轻的主教瓦伦丁不顾皇帝的禁令,秘密地宣布愿为坠入爱河中的恋人举行结婚仪式。不久,风声走漏,这位被称为"情人之友"的主教被捕了。当瓦伦丁被带到皇帝克劳第斯二世的面前时,他既不认为自己的行为错误,更不放弃自己的信仰,并试图说服皇帝取消禁令,还士兵们婚姻的自由。他这样做自然更是得罪了皇帝。最终,在公元270年2月14日牧神节的前夕,瓦伦丁被处以酷刑,先是棒打、石砸,最

普索克接受爱神的初吻　　弗朗索瓦·热拉尔[法]

拿起丘比特之箭的维纳斯
布歇[法]

后被斩首而死。瓦伦丁殉道两个世纪之后,教皇盖拉修斯选择2月14日为圣瓦伦丁日,纪念他为信仰而殉道,为爱情和婚姻的自由而献身。圣瓦伦丁从此也就取代了古罗马的畜牧神,成为了人们心目中"爱情的守护神"。

法国之缘

具有现代意义的瓦伦丁出现在15世纪的法国,一位叫奥尔良大公(Duke of Orleans)的青年,在阿根科特(Agincourt)战役中成了英军的俘虏。在他被关在伦敦塔的许多年里,他给妻子写了很多首情诗,保存至今的仍有60首。另一种说法仍与法国相关,瓦伦丁(Valentine)是法语galantin的谐音,意思是勇士或情郎。

情人节习俗的传播

远在罗马帝国初期,随着帝国势力在欧洲的扩张,罗马人的各种宗教、礼仪和风俗因此传到了被侵略的国家,并在那里牢牢地扎下了根,且对当地人们的信仰和生活产生了非常大的影响。牧神节的习俗也就这样传遍了现在的英国和法国等地。

意大利

等到基督教在公元4世纪成为罗马的合法宗教,并于392年被狄奥多西(Theodosius)正式宣布为国教以后,其他一切旧教的礼仪和习俗都受到了影响甚至被禁止和取缔。其中被基督徒视为有异教色彩的牧神节自然也不例外,取而代之的是圣瓦伦丁节——情人节。牧神节虽被取缔,但牧神节的习俗却早已深深地留在人们的心里,所以人们仍旧在这一天庆祝春天的到来,祝愿人畜兴旺。其中抽签定情人的习俗一直在继续,求爱仍是这个节日的主题。情人节在意大利不算重要的民族节日,也不像英美有大规模的庆祝活动。

法国、奥地利、匈牙利和德国

情人节求爱也曾于中世纪在英法宫廷大为流行,但在1880年,情人节的庆祝活动在法国遭取缔,情人节从此在法国退出了爱情的舞台。在奥地利、匈牙利和德国也曾有过情人节求爱的习俗,但后来基督教的一些牧师不许青年们在纸条上写女孩子的名字,而是写上圣徒的名字,并要求青年人以他们为榜样,学习他们的德行,以求他们的保佑。可是年轻人对这种圣人取代情人的做法并不感兴趣,圣瓦伦丁节的庆祝既得不到拥护,也就渐渐消失了。

不列颠岛

但在不列颠岛上,圣瓦伦丁节的庆祝却一直大为盛行。"据史料记载,早在1446年,莎士比亚、查理斯、奥利恩斯公爵、塞缪尔·佩皮斯、沃尔特·司各特等许多著名作家都提到过这个节日",虽然在清教徒掌权时情人节曾经一度被取缔,但在1660年,查理二世又重新恢复了。抽签定情人的习俗被保留

了下来,给选中的人赠送礼物与爱情纪念品,相恋之人互通情书。英国人的情人节习俗又有了自己民族的特色,比如,在2月14日早晨,女孩子遇到的第一位男士就成为她的情人节伴侣,而这名幸运的男子只需送一件礼物作为回报。

新大陆

虽然早在17世纪初就有英国的清教徒为躲避国内宗教迫害移民新大陆,但情人节并没有因此传入美国。因为清教徒们反对圣诞节和圣瓦伦丁节一类的庆祝活动,且视其为不正统、不圣洁、不检点和轻浮的活动。故此,情人节的习俗传到美国是在18世纪,随着英国人、法国人和苏格兰人纷纷移居美国,情人节习俗与其他各种节日的风俗随之传入了这块当时的新大陆。

但无论如何,求爱仍是情人节的主题。可以说,求爱是自古以来人类异性相吸表白的结果,情人节之所以被演绎得如此丰富多彩,就是因为它给人们提供了表达爱情的机会和空间。求爱的意思是:"向异性提出请求,希望得到对方的爱情。"求爱的神秘感和不确定性,使情人节给人带来的是甜蜜而又焦急的期待。为了尽量减轻求爱者等待时的折磨,现代人又造创出一个"白色情人节"——3月14日。为了早日揭开爱的谜底,让有情人终成眷属,在情人节这天收到求爱信或贺卡的他(她),一个月以后把心思告知对方。所以,如果说情人节是表白爱的节日,那么"白色情人节"就是回应爱的节日。

从古罗马牧神节的起源到4世纪基督教的异化,再到世界各地的传播,最终演化出一个多元的全球性节日——情人节。起初,随着罗马帝国的扩张,罗马人就将他们的风俗习惯带到了北欧地区,并与当地的习俗相结合。后来基督教的兴起且盛行于整个欧洲,如此基督教信仰的传统不可避免地对所有非基督教的信仰及其习俗产生了深远的影响。所以有人说,"几乎所有的西方节日都是基督教与非基督教传统的结合",情人节自然不能例外。比如,情人节最重要的两个象征性人物是代表基督教传统的圣瓦伦丁和异教传统的罗马爱神——丘比特。在2月14日,丘比特往往比圣瓦伦丁出现的频率更高,也更为人们所熟知。

维纳斯与丘比特   苏斯特里斯[荷] 1515—1568

众神在奥林匹斯山聚会

情人节研究新史

美国加利福尼亚大学的中古史学家克利教授研究了情人节的起源，认为情人节原本是5月3日，而不是2月14日。而最早过情人节是在1381年。1381年，英国国王理查德二世打败两个情敌，于5月3日宣布与波希米亚的圣安妮订婚。而在同一年，英国诗人乔被国王录用。一次乔在意大利旅行时，发现5月3日是热那亚一位主教瓦伦丁的节日。而在乔的以情人节为题材的诗歌中，几乎都是以5月为背景。另外，克利指出，情人节那天，人们会赠送鲜花等礼物。5月是春天鲜花盛开的季节，而在春寒料峭的2月是不会有鲜花的。根据克利的研究，到1400年2月14日，圣瓦伦丁才成为情人们的节日，那是在乔去世之后。

情人节的传统习俗与文化

花 寄情语

玫瑰花 在情人节送一束艳红的玫瑰，传递一份热烈的爱意，浪漫而又真诚。所以每逢情人节，玫瑰价格上涨丝毫不足为奇。商机无限，情义无价。在古希腊的神话传说中，玫瑰是专门供奉爱神的祭品，相传第一束玫瑰的诞生与丘比特和爱神维纳斯相关。一次，众神在奥林匹斯山聚会，丘比特也手提圣酒应邀赴宴，由于他赶路匆忙而不慎绊倒，圣酒被打翻，洒了一地。然而就在洒酒的地方突然间长出了一种美丽的花，那就是后来的玫瑰。

还有一种传说，一天，爱神维纳斯与儿子丘比特闲来嬉戏，一不小心被儿子的箭误伤。无巧不成书，此时，英俊神武的猎人阿多尼斯正好出现在现场，维纳斯便一见钟情，深深爱上了阿多尼斯。于是，维纳斯放弃了她在奥林匹斯山的神殿，以女猎人的身份跟随阿多尼斯来到森林之中，与阿多尼斯日夜相伴，享受着爱情的幸福和甜蜜。然而好景不长。阿多尼斯年轻气盛，常常与林中各种猛兽搏斗，虽然维纳斯曾多次警告他，不要追捕狮、豹之类的凶神恶兽，可是阿多尼斯总是不以为然。有一天，维纳斯去了奥林匹斯山，阿多尼斯带着猎犬外出狩猎，突然，一只野猪出现了，年轻的阿多尼斯激动不已，将维纳斯的话早就抛置脑后，将一枚梭镖掷向那只猎物。受了伤的野猪更加凶狠，回过头来用它那尖长的

牙齿咬穿了阿多尼斯的身体，又用四蹄疯狂地把他踩死了。等维纳斯闻讯赶回时，阿多尼斯已倒在了血泊之中。她伏在情人的身上痛哭不止。用什么才能使爱情永恒，超越生死?于是，维纳斯把神酒洒在阿多尼斯的鲜血之上。血一遇到神酒立即产生了汩汩的气泡，并长出了一种美丽的鲜花。花朵芬芳宜人，色彩殷红而醉人，这就是世界上第一束红玫瑰花。玫瑰花的火红艳丽，象征着维纳斯的爱情真挚热烈。

玫瑰也与古罗马人的生活和牧神节的礼仪相关，特别是古罗马的贵族们专用玫瑰装饰厅堂。在牧神节或其他宴会上，罗马人又喜欢坐在洒满玫瑰花瓣的椅子上。戴在头上和脖子上的玫瑰花环也是古罗马人最喜爱的饰品。

玫瑰的爱情色彩不仅在神话与传说中演绎着一个个神圣迷人的故事，在凡人的世俗中也早就编织和谱写了无数首感人至深、令人难忘的诗歌和乐曲。如罗伯特·彭斯的《一朵红红的玫瑰》:

维纳斯与阿多尼斯　　　斯普朗格[比]

O, my luve is like a red, red rose,	哦，我的爱人，是一朵红红的玫瑰，
That's newly sprung in June.	六月里初次绽放。
O, my luve is like the melodie,	哦，我的爱人，是一支曲子，
That's sweetly play'd in tune.	吟唱得和谐完美。
As fair art thou, my bonie lass,	我的姑娘，多么美丽的人儿，
So deep in luve am I,	看看我，多么爱你!
And I will luve thee still, my dear,	我永远爱你，亲爱的，
Till a' the seas hang dry.	直到海水都枯竭干涸，
Till a' the seas hang dry, my dear,	直到海水都枯竭干涸，亲爱的，
And the rocks melt wi' the sun!	直到太阳将岩石也烧成灰，
I will luve thee still, my dear ,	我永远爱你，亲爱的，
While the sands O' life shall run.	只要生命仍在轮回。
And fare thee weel, my only luve!	珍重吧，我唯一的爱，
And fare thee weel, a while!	珍重吧，让我们暂且别离，
And I will come again, my luve,	但我定会回到你的身边，我的爱，
Tho' it were ten thousand mile!	无论归途千里万里!

爱情与玫瑰似同形影，述说着人间爱的永恒。因为爱情才产生玫瑰，又因为有了玫瑰，爱情才显得如此多彩而美丽。赠送玫瑰漫长的发展过程中，逐渐形成一种独特的花语习俗。从颜色上讲，红玫瑰代表我热恋你，粉色玫瑰代表初恋和特别的关怀，橙红玫瑰表达着初恋的羞涩，而白玫瑰象征着爱情的纯洁和高贵。从数字上说，不同的数字有着不同的寓意。比如在美国，12枝长枝玫瑰在情人节最受欢迎。中国人一般对9感兴趣，所以9朵玫瑰代表爱情长久。99朵和999朵则象征着地久天长。1朵是只有你，11朵为一心一意。101朵代表最爱，1001朵象征直到永远。另有3朵是我爱你，108朵意为求婚，365朵则是我天天想你。

郁金香　关于郁金香，在荷兰有一个这样的传说：一位美丽、善良的少女面对3位英俊潇洒的骑士求爱者(他们各自带了王冠、宝剑和黄金一同前往求爱)，她不愿意伤害他们中任何的一位，于是她就向花神求助。后来，花神把美丽的少女变成了一株郁金香，它的花冠象征求爱者的王冠，枝叶和他们的宝剑一样，球根则色如黄金。在花语世界里，郁金香和玫瑰一样，不同的颜色代表着不同的寓意：红色的郁金香是爱情的宣告，黄色郁金香则是恋爱的告吹，白色代表失恋，紫色则象征恋情的永恒，蓝色代表诚实，橙黄色代表青春万岁，粉红色是幸福美满，绿白色代表纯洁、质朴，黑色象征神秘等等。再有，在现代花语中，除了玫瑰与郁金香，还有许多其他寄语爱情的花卉：

紫罗兰——爱情之束	红色波斯菊——多情	茉莉花——我属于你
蝴蝶兰——我爱你	红菊——我爱	向日葵——我爱慕你
百合花——百年好合 心心相印	黄菊——微爱	薄荷——再爱我一次
康乃馨(桃红色)——热爱你	紫丁香——初恋	秋海棠——思念
康乃馨(杂色)——拒绝你的爱	四叶丁香——属于我	莲花——暗恋
白风信子——不敢表白的爱	白丁香——想念我	白山茶——真爱
粉风信子——倾心爱慕	鸡冠花——爱情	勿忘我——永恒的爱
红风信子——让我感动的爱	一串红——爱恋的心	牵牛花——爱情永结

鲜花就像爱的使者，默默地传递着恋人们的缠绵私语，诉说着爱人那言不尽的相思情怀。

情人卡

情人节的另一重要内容就是赠送情人节纪念卡。在情人节，情人或夫妻之间赠送一张小巧别致的情人卡，互相倾诉相思与爱慕之情，既有爱情的浪漫又有生活的温暖。后来，情人卡甚至不再是情人们的专利，被广泛传送。如在情人节这天可写一张情人卡给自己的父母、子女、长辈、兄弟姐妹、朋友、同事和师长等。而孩子们也往往喜欢在这一天凑热闹，总会发出许多情人卡给自己能想到的任何人，也希望得到他们的回赠。故此，情人卡就成了情人节另一种最广泛和普遍受欢迎的礼物之一。

情人卡的来源

情人卡被认为是最古老的节日贺卡,情人卡的来源与情人节一样与古罗马的牧神节相关。情人卡源于写情书的习俗,而写情书又是牧神节抽签习俗的自然演变。早在中世纪时期,情人节的诗歌与写情书习俗已相当普遍了。据说最早的情诗出现在 1400 年前,最早的情人卡现存于大英博物馆,写于 1477 年。是一个名叫玛格瑞的女子送给约翰·帕斯顿的卡片,上面写着:"我心中崇拜的、心爱的瓦伦丁。"另有一种说法,法国的奥林斯大林公爵在 1415 年就制作了最早的情人卡,在一张特别的纸上写了一首情诗,又用真丝带扎起来送给了他的妻子。

最早的情人卡并不署名,明显有牧神节抽签的遗俗。当然,如此做一方面可以使收卡人有不知名的兴奋;另一方面也是为了避免父母过多的管教。开始情人卡的制作均属手工艺品,年轻人用彩纸、水彩或彩色墨水等精心描绘、倾诉着对情人的赞美与思念。再在卡片上装饰花边或是画上一个象征物,比如贴红心、画爱情鸟、绘佩带弓箭的丘比特等。最后加上一首自己作的小诗。

手工情人卡的类型有:

离合诗情人卡——诗歌的第一行拼出爱人的名字。

剪切情人卡——把纸折叠几次,然后用小剪刀剪出花样。

点扎情人卡——用别针或针在纸上扎出小孔,形成花边。

刻板印花情人卡——用蜡纸绘成的图案,属东方风格。

画谜情人卡——在诗中用小图片代替一些字。如用眼睛代替字母 I(我)。

字谜情人卡——折叠的字谜。折叠层中的诗必须把纸按一定顺序折叠才能读出来。

花体情人卡——具有中世纪手绘插图风格的装饰字体。

在赠送情人卡的习俗影响越来越普遍的同时,也有人开始借机愚弄他人。他们发出一些附有恶意语言或侮辱性画像的情人卡寄给一些不受欢迎的、有残疾的或是长期单身的人。比如提醒杂货店的商贩不要在盐里放沙子;告诉老处女美满婚姻与她永远无缘等。由于当时情人卡要匿名的习俗,这种卡片才得以流行。但也有人认为这些卡片有趣而幽默。比如 1797 年在英国出版的《年轻人的瓦伦丁作家》一书中就有这样送给一位姑娘的情人卡:

'Tis all in vain your simpering looks,
You never can incline.
With all your bustles, stays, and curls,
To find a Valentine.

看你那痴痴傻笑呆模样,
虽然你衣饰华贵巧扮装,
也难寻得一个瓦伦丁
——如意情郎。

在这样的诗本里收集着许多讽刺诗,如果哪位姑娘收到情人卡后,要表示拒绝对方的求爱,便可以从中选一首诗作为回答。其中一位姑娘拒绝一位医生求爱的诗是:

Dear Doctor, your advice,　　　　　　　医生阁下请听好,
You need not give me twice.　　　　　　再次求爱没必要。
I drugs and physic hate,　　　　　　　讨厌打针与吃药,
So prithee cease thy prate;　　　　　　请您不要再唠叨。
You ne've will me obtain,　　　　　　　所有一切是徒劳,
Your courtship is in vain;　　　　　　　要我
I never will incline,　　　　　　　　做你的瓦伦丁,
To be your Valentine.　　　　　　　　永远没指靠。

随着印刷业的发展,印刷的情人卡逐渐取代了手工艺品。再加上邮资越来越便宜,在19世纪七八十年代的英国,情人卡已经普遍流行并且销售量也大增。

随着英国移民的到来,制作情人卡的习俗也传到了美国。在美国,最初的情书就出现在手绘的卡片上,情人们费尽心机地在情人卡上书写情话。女孩子们可以在收到卡片后,在它上面简单地写一两句话表示接受或是拒绝对方的求爱。在19世纪末20世纪初,因工业革命的爆发和印刷技术的更新,情人卡在美国开始了大批量的生产和发行。

情人卡的设计从起初的红心、丘比特和花边到后来的缎带、镀金饰物、剪纸、印花、拼接板、小玩物以及小镜子等,制作越来越精致漂亮,内容也更加多样,但主题仍是那么古老而美丽——热恋、爱情和家庭。

情人卡在一定程度上又从一个侧面反映了社会现实生活,包括不同时代的风俗、服饰、饮食和时尚。比如在战争年代,情人卡上绘的往往是即将奔赴战场的士兵和水手的形象等。而牧神节的抽签习俗仍然继续,在卡片上不署名,只写上"猜猜我是谁"(Guess who)。

X——吻的记号

在情人节的情书或卡片的最后通常会写一串X代表吻。X成为吻的标记起源于中世纪。那时,人们在签署契约时要在最后签上自己的名字,不会写字的人就在上面画一个X。之后在证人面前在X上吻一下表示真诚。久而久之,在许多人的记忆

菲律宾情侣庆祝情人节,集体热吻挑战记录。

19

里,X 就成了吻的同义词。至于 X 为什么可以用来代替名字,有两种解释。一个说法是:X 有奉基督的名义之意,基督的希腊字的第一个字母的大写就是 X,教会也因此常常用 X 代表基督的名字。另一解释是:X 最初被认为是十字架,这种 X 形的十字架是圣安得鲁(圣彼得的兄弟)的象征,所以写 X 代表以圣徒的名义祈祷。

浪漫卡上的情话:

在一种心形的情人卡上,人们往往写一些这样的甜言蜜语:

B MINE (=be mine, 你是属于我的)

B TRUE (=be true, 真诚)

U R SWEE (=you are sweet, 你是我的甜点)

U R A 10 (=you are perfect, 你如此完美)

MY LUV (=my love , 我的所爱)

LUV ME (=love me , 爱我吧)

LUV U (=love you , 爱你没商量)

MISS U (=I miss you , 我好想你)

Y NOT (=why not , 为什么不)

U BET (=you bet ! Certainly! 一定)

DEAR 1 (=dear one , 亲爱的)

DIAL MY(=dial , call my number, 快拨我的
　　　电话号码)

MY GIRL (我的女孩)

MY MAN (我的男子)

MY PAL (我的好友)

MY GUY (我的朋友)

MY LOVE (我的最爱)

MELT MY HEART (融化我的心)

LET'S KISS (吻你)

HUG ME (拥抱我)

ASK ME (向我求爱吧)

SO FINE (太美了)

I DO (我愿意)

SURE LOVE (真心的爱)

YOU'RE CUTIE (娇爱的你)

CUTIE (我的俏美人)

CUTIE PIE (可人儿)

SOUL MATE (知音)

IT'S TRUE (真心爱你)

表示拒绝之语:

NO WAY (不可能)

SAY NO (我说不)

GO AWAY (走开)

GOOD-BYE (再见)

情人节的双关蜜语

Be (with a picture of a honey bee) my Valentine!

做我的瓦伦丁(情人)吧! (画一只蜜蜂代替 bee。)

I can't bear (with a picture of a bear) to be without you.

我不能忍受没有你。(画一只小熊代替 bear。)

You're my honey. (with a picture of a pot of honey)

你是我的甜点。(画一罐蜜糖代替 honey。)

广告情语录

情人节的习俗随着时代的变迁而变化。近来，西方一些地区开始流行在报纸上谈情说爱。在情人节的这一天，许多人会选择在一些地方报刊的个人启事栏里登上一则小广告，内容或倾心吐意，或互传情爱，或表示感谢，甚至是为某事向爱人、情人或恋人表示歉意。诚心的夫妻在对方早餐伴侣咖啡杯下放一份登有自己情语广告的报纸，好让他/她读出自己的爱意。当然，这种广告也可以是父母写给子女，或子女致意父母，或朋友表露友情等。

情人餐

在美国如同其他的传统节日一样，情人节已形成了丰富多彩而又别具特色的节日饮食文化。传统的情人节食品有糖果、巧克力、奶油蛋糕以及饮料等。所有这些甜点的色彩大都采取情人节的流行色——大红、粉红或白色；在形状上则常常是情人节的传统形状，如心形。

巧克力的传说

玫瑰加巧克力是情人节经典的爱情礼物，玫瑰以它的色彩动人，而巧克力则以其甜蜜感人。在浪漫的情人节同时收到巧克力与玫瑰，在视觉与味觉上也就同时享受了爱情的甜美。有关巧克力流传着一个感人的神话。

起初，巧克力在墨西哥被称为Ambrosio，即"众神的美食"。在阿兹特克人的传说中，在一个四季充满阳光的"黄金之国"里，居住着一位智慧与知识之神克撒尔考阿托(Quetzalcoatl)。有一年，克撒尔考阿托下凡来到人间，教会了人们许多谋生的手艺，又制定了日历，还教人们种植植物的

智慧女神斗战神   雅克·路易·达维特[法] 1748—1825

技术。其中他带来的一样东西很特别，那就是可可树的种子。

这位白皮肤、长胡子的智慧之神不但教会了土著的印第安人种植可可树和荚果，还传授了他们用可可豆与荚果种子制作一种叫巧克拉托(Chocolat)饮料的方法。它味苦而不易消化，与现在的巧克力饮品完全不同。然后，克撒尔考阿托回到了"黄金之国"，在走之前，他应允说会在某一个"芦苇年"回来。在阿兹特克人的日历里，一个芦苇年是52年。

21

1519年,阿兹特克王门特祖玛二世在位期间,国家繁荣昌盛。此时,一个叫考尔特斯的西班牙人来到了墨西哥。这一年,按当时智慧之神许下诺言的时间算起刚好是一个"芦苇年",刚好考尔特斯又是白皮肤并留着长胡子。于是,阿兹特克人就把他当成了重返人间的克撒尔考阿托,摆设盛大的宴会迎接考尔特斯,并奉上一金杯的巧克力作为礼物。

情人节姜汁饼

在维多利亚时代,恋人们用诗歌、歌曲和食品来表达衷情,心形的"生命蛋糕"姜汁饼就是其中的食品之一。

用料:

2茶匙半未筛的面粉	2茶匙肉桂	1茶匙半姜汁
半茶匙丁香末	1/4茶匙盐	半杯人造黄油
半杯红糖	1/3杯玉米糖浆	一只大的鸡蛋

做法:

把面粉、肉桂、姜汁、丁香末和盐筛进一只大碗。

把黄油和红糖拌在一起,拌匀。把玉米糖浆和鸡蛋加进去,打匀。把碗里的面粉、肉桂、姜汁、丁香末和盐加进去,每次加1/3,每加一次都打匀,拌好。然后将面团放置冷却1个小时。

在面板上轻轻撒一层面粉。取一半面团擀成1/4寸的厚度(另一半面团留作装饰或做第二批饼干)。用饼干刀具切压出饼干形状,或用刀切割成一定的形状。可随意装饰。焙烤至350℃,约15到20分钟,直到变为金黄色。把饼取出在铁丝架上冷却,并放在有盖的容器中储存。

心形是情人节的标志,在情人节,人们往往把蛋糕制成心形,代表甜蜜的爱情。

情人节甜点——奶油夹心巧克力

用料:

1杯乳酪	1/3杯筛过的面糖	$1\frac{1}{4}$杯搅拌过的奶油
2盎司蛋清	巧克力奶油调味汁	2/3杯奶油巧克力
2盎司融化的半甜巧克力	(1盎司=28.3495克)	

做法:

将8个心形的平纹模子放成一排。把乳酪透过筛子挤到一只大碗里。加入面糖和搅拌过的奶油,彻底打匀。把磨碎的巧克力掺入。在一只小碗里,搅拌蛋清,将其拌硬,但不能拌干,然后轻轻地调入大碗里。将拌好的乳酪用勺子盛入模子里。放入冰箱里过夜,使其凝结。准备巧克力奶油调味汁。在一只小碗里,倒1/4的奶油巧克力,放入融化的巧克力中搅拌。留一勺余下的奶油巧克力。把余下的奶油巧克力渐渐地拌入混合物中,搅拌均匀。取出冰箱里的巧克力奶油夹心放在盘子上,然后将巧克力奶油挤在四周。用羽毛扦儿将余下的巧克力奶油滴在调味汁上作为装饰。

还可以用水果,例如木莓或草莓或水果泥做调味汁代替巧克力奶油。奶油巧克力味道浓郁,象征着爱情的醇厚甜蜜。

巴伐利亚天使草莓糕

用料:

2袋3盎司的草莓果冻	1杯开水
2袋切成片的冻草莓(稍微解冻的)	1/2品脱搅奶油(1品脱=5.6826分升)

1个天使蛋糕(可从商店购买,也可用袋装混合配料自制),切成块

用作装饰的搅奶油　　　　　　　　　　　　用作装饰的鲜草莓

做法:

将草莓果冻溶解在开水中,加入草莓使部分变稠。调入半品脱搅奶油。将蛋糕块放入其中并翻动。把蛋糕块放在涂有油的平底煎锅中,冷却过夜。食用时,将草莓蛋糕放在大浅盘中,涂上一层搅奶油糖霜,点缀上整只鲜草莓。可供10~12人食用。

巴伐利亚天使草莓蛋糕制作简单,色泽鲜美,而且很具有节日氛围。

巧克力糖霜

用料:

$1\frac{1}{2}$杯面糖	1包融化的巧克力,或将1盎司(1块)巧克力放置蒸锅内融化
2茶匙玉米糖浆	2~3茶匙热水

做法:

将糖、巧克力、玉米浆和水混合放入一只小碗中。巧克力糖霜可用于制作果仁巧克力小方块蛋糕。食用时将糖霜涂在蛋糕上。

情人节曲奇饼

用料:

3/4杯黄油	1杯糖	2只鸡蛋	1/2茶匙香子兰末
$2\frac{1}{2}$杯筛过的面粉	1茶匙发酵粉	1茶匙盐	

做法:

将黄油、糖、鸡蛋和香子兰末混合搅拌并加入面粉、发酵粉和盐,搅拌均匀。冷却至少1小时。把面团擀成1/8寸厚,切成你喜欢的形状,放在没有涂油的烘烤盘中。撒上糖或加糖霜。在400℃的烤箱中烘烤6~8分钟至棕黄色。

情人节曲奇饼又薄又脆,香甜可口。更能代表爱情的舒畅与甘美。

情 诗情歌

赞歌如同鲜花一样，自古总是与爱情联系在一起。其实情人节最古老的习俗就源于抽签的诗歌以及对诗歌的吟唱。淳朴而优雅的古代人，对爱情的表达更多的不是用高价的珠宝与黄金，而是发自心灵深处的赞美诗歌。鲜花开又落，珠宝光还黄，诗歌传万代，千古留绝唱。也可以说，爱情给了诗歌不朽的灵魂，而诗歌又传颂着爱情的美丽与永恒。

维纳斯的诞生　　　　　　　　　波提切利[意] 1480-1485

《葡萄牙人十四行诗》

《葡萄牙人十四行诗》是维多利亚时代英国著名诗人伊丽莎白·巴蕾特·勃朗宁(Elizabeth Barnett Browning,1806-1861)向他后来的丈夫罗伯特·勃朗宁求婚时写的，后编成诗集。由于伊丽莎白·巴蕾特曾崇拜一位葡萄牙古典诗人，后来她丈夫给她起了个"小葡萄牙人"的绰号，这部诗集也就因此而得名。诗集中第43首如下：

I love you

How do I love thee? Let me count the ways.

I love thee to the depth and breadth and height

My soul can reach, when feeling out of sight

For the ends of Being and ideal Grace.

I love thee to the level of everyday's

Most quiet need; by sun and candle-light.

I love thee freely, as men strive for Right;

I love thee purely, as they turn from Praise.

I love thee with the passion put to use

In my old griefs, and with my childhood's faith

I love thee with a love I seemed to lose

With my lost saints,—I love thee with the breath,

Smiles, tears, of all my life!—and, if God choose,

I shall but love thee better after death.

美国情人节的老歌

下面是美国人在情人节这天最爱唱的两首情人节老歌：

Let Me Call You Sweetheart

Let me call you sweetheart,
I'm in love with you.
Let me hear your whisper,
That you love me too.
Keep the love light shining
In your eyes so true.
Let me call you sweetheart,
I'm in love with you.

让我叫你我的甜心

让我叫你我的甜心，
我已深深爱上你。
让我倾听你的私语，
告诉我你也同样爱我。
让爱之光在你眼中闪烁，
表达你心中的真诚。
让我叫你我的甜心，
我已深深爱上你。

Sweet Adeline

Sweet Adeline, sweet Adeline,
My Adeline, My Adeline,
At night I pine, at night I pine,
In all my dreams, in all my dreams,
Your fair face beams, your fair face beams,
You're the flower of my heart,
Sweet Adeline, sweet Adeline.

甜蜜的阿德兰

甜蜜的阿德兰，甜蜜的阿德兰，
我的阿德兰，我的心啊，
渴望着你
在每一个夜晚，
你美丽的脸庞闪现在我的梦中，
你是我心中的鲜花，
甜蜜的阿德兰，甜蜜的阿德兰。

情人节的象征——爱神丘比特

古希腊和罗马神话是全欧洲文化的宝藏，是他们一切文学与艺术的基本素材。所以西方的节日文化也不可避免地烙上了它们的印记，节日中的风俗习惯也浸染着神话的色彩。其中古希腊、罗马神话中的小爱神丘比特作为古老情人节的象征物就是其中一个典范。

丘比特是古希腊、罗马神话中的小爱神，

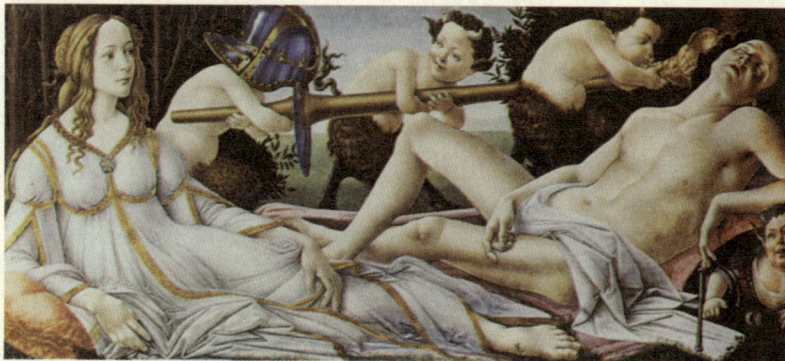

维纳斯与战神　　　　波提切利[意] 1475-1480

25

名叫厄洛斯。是罗马神话中爱神维纳斯与战神阿瑞斯所生的孩子。他本身就是真正爱情的结晶。在奥林匹斯山众神中，丘比特的地位虽然较低，但却是最广为人知的神之一。最初，丘比特被描写成一位身材修长的英俊小伙子。后来这一形象渐渐消失，取而代之的是现在我们所熟悉的小天使的形象——一个赤身婴儿，背上长着一对闪闪发光的翅膀。背着一张弓和装满箭的箭筒。小丘比特有两种箭，一种是金头箭，可以让中箭者燃起爱火；另一种是铅头箭，能熄灭爱火。无论是人还是神，一旦被丘比特的箭射中，都无力抵抗爱神之箭的魔力。因此，丘比特之箭也不知造就了多少悲欢离合的爱情故事。丘比特也就因此而成了古老情人节中最古老、最重要、流传最广泛并且长久的象征。

圣罗伦佐小教堂的基督复活
哥特式 1345

2 月中下旬 狂欢节

狂欢节的故事

狂欢节最早起源于中世纪，相传它的习俗又与古希腊以及古罗马的牧神节、酒神节有密切的关系。基督教兴盛之后，它又与基督教的复活节关系密切。按照基督教的传统，复活节前的 40 天是大斋期，斋期里的娱乐活动被禁止，同时也禁肉食等。主要是为了静心反省和忏悔，预备纪念耶稣的遇难。为了迎接这一段沉闷日子的到来，人们在斋期开始前的 3 天时间里，专门摆设宴席，举行舞会和各种游行活动，纵情欢乐，"狂欢节"也就因此得名。在一些地方也称之为"谢肉节"和"忏悔节"。如今除了一些虔诚的天主教徒，已经很少有人坚守复活节前的大斋期(指复活节前的 40 天)了。但传统的狂欢活动却一直流传至今，成为人们抒发情怀、歌唱幸福和向往自由的重要节日。

狂欢节的传统习俗与文化

巴西——"桑巴"的天堂

狂欢节在巴西是民间最重要的传统节日。每年的二三月间，巴西各地大小城市都有庆祝活动，当然最热闹的地方还是首都里约热内卢。早在 1614 年，为了庆祝葡萄牙国王的寿辰，当地的殖民统治者下令全民游行、跳舞并畅饮、娱乐。300 年后，狂欢节就发展成了巴西最具特色的传统节日。节日期间，灿烂的阳光、绚丽的华服、奇异的彩车，再加上巴西人火辣的桑巴舞，应和着男女老少脸上洋溢的幸福与欢乐，共同谱绘了一幅世界独特的巴西民俗节日图。

狂欢节在巴西每年都要持续3天3夜。节日期间，全国上下除邮电和交通等一些部门留人值勤外，从蹒跚学步的幼童到白发苍苍的老人，从贫民主妇到名媛淑女，一齐涌向街头纵情狂欢。人们载歌载舞，服饰也千奇百怪，争奇斗艳。火树银花将大街小巷装饰得流光溢彩，整座城市成了幸福的天堂，欢乐的海洋。

如今，巴西的狂欢节往往要持续3天3夜。但节日的内容却组织得有条不紊，狂而不乱，欢而有序。狂欢的重点区是著名的德萨帕卡伊大街长达800米的桑巴舞场大道。此大道的一侧建有5层扑克台和包厢，能容纳8万多观众；另一侧则是一些高级饭店、体育馆和俱乐部，在这里聚集的是成千上万的富人、中产阶级，可以说是富人们的天堂；最普遍的活动场所就是大街、小巷和广场，这里才是老百姓的舞台。人们跳着街舞，奏着摇滚，欢快地游行，自由地竞技，八仙过海，各显异能。巴西是一个热爱舞蹈的民族。所以在狂欢节上，巴西的民族舞蹈——桑巴就扮演了主要角色。"桑巴起源于巴西的里约热内卢，1929年传入美国，而后又传至世界各地。它不只是巴西音乐的灵魂，更是非洲人与南美印第安人所综合的产物。"桑巴舞曲在早期时常用于吉他演奏，节奏缓慢而富有热情。桑巴舞的高潮是黏巴达舞——一对男女"黏"着跳出来的"桑巴舞"。桑巴舞的特点是手举过头，全身摇摆，双脚快而无固定舞步。巴西的桑巴与她的足球同样闻名于世，因此也造就了世界闻名的狂欢节。桑巴舞的音乐与歌词一定程度上也成了巴西文化象征——自由、奔放和热情。

对于巴西人而言，狂欢并不限于3天的节日，事实上，整个夏日都是巴西人的嘉年华会。热情洋溢的桑巴舞让夏天的巴西充满了罗曼蒂克。多姿的舞蹈，激昂而奔放；多彩的服饰，争奇而斗艳。

德国——反叛严谨

德国人的生活一贯以严谨而著称，只有在狂欢节的几天里才显

2005年巴西狂欢节上的桑巴舞表演。

出他们"放纵"的一面。狂欢节在德国盛行开始于法国大革命的军队占领德国后不久（1794年至1814年）。当时人们狂欢节的主要内容是借机反抗军事压迫。在游行的人群中，个个穿着奇装异服，手持木长枪，进行"军事演习"。队伍的"指挥官"公然与妓女并人贩子共舞，充满了对军队的讽刺意味。这一天，人们用各种方式嘲弄穿着军装的人，在游行队伍中故意一边跳舞一边装疯卖傻，扭动屁股，做出一些令人捧腹的滑稽动作。后来，狂欢节在德国反抗军事压迫的意义没有了，但活动的形式和内容作为一种民间自娱的风俗保留了下来。

在德国狂欢节的开始是从复活节前第6周的星期日至星期二的3天时间，然而他们却有一段长达4个月的准备期——从每年的11月11日11时11分算起。在这一年一度唯一可以自由快乐、无拘无束、任意放纵的节日里，无论是政府官员还是平民百姓都沉浸在狂热的

德国美因茨市欢庆狂欢节的场面。这是该市三个传统的狂欢节偶人。

娱乐之中。人们可以穿各式的奇装异服，带各样稀奇古怪的面具，参加各种场所举行的游行聚会、化装舞会，做着不同的恶作剧。从星期一的中午开始，人们逐渐涌向街头，观看在游行队伍中市民们一年内精心策划和制作的杰作。有兴趣的人们也可以乔装打扮一番，加入游行队伍一起"群魔乱舞"。为了寻求不同城市和地区不同形式的节日庆祝，有许多家庭选择了去其他城市度假狂欢。除首都以外的其他著名的还有科隆狂欢节、杜塞尔多夫狂欢节以及慕尼黑狂欢节等。由于在节日期间人们在各式各样的聚会上不仅可以纵情歌舞，还可以酗酒，狂喊乱叫。因此，一个有趣的现象是，往往是室内灯耀声喧，室外警车、消防车严阵以待。

德国杜塞尔多夫的传统狂欢节小丑，在杜塞尔多夫城市广场与市民一起庆祝狂欢节。

3月17日　圣派翠克节

圣派翠克节的来历

　　圣派翠克节是爱尔兰人庆祝的传统节日之一。它也是爱尔兰人的祖先们在所庆祝的圣徒节日中最盛大的一个节日。派翠克本人并不是爱尔兰人，而是出生在4世纪末叶的威尔士，原名玛奥尼（Maewny）。对于他的出生与生平，许多作家与传记都有不同的记载。有说他于公元387年出生在威尔士的一个罗马小镇，也有的说他出生在英格兰或苏格兰。16岁的时候，他被海盗绑架后贩卖到爱尔兰成了奴隶。在爱尔兰的安特里姆，他当了6年的猪倌。之后，相传他在神灵的启示下，成功地逃出了爱尔兰回到了家乡，并在那里被奥克赛瑞（Auxerre）主教圣杰明（St. Germain）收为一名修道士。在修道院期间他改名叫派翠克（Patrick）。他在修道院学习了12年之后决定返回爱尔兰，使那里的人民远离野蛮原始的异教，皈依基督教。但这一理想未能立时实现，而更加不幸的是他曾再度被抓沦为奴隶，两个月后逃出。这次他清楚地听到了漆黑的爱尔兰人在森林中传出神奇的呼唤，请求他过去帮助他们脱离苦难和黑暗。

　　公元431年，受教皇的派遣，派翠克返回了这块曾经伤害过他、现在又呼唤他的充满神奇的土地，并于432年春来到了爱尔兰的威克罗甲。他刚到时，当地居民以为他是要破坏他们的传统信仰，于是想要用石头打死他。派翠克请求为自己的信仰辩护，当他讲到基督教所信仰的上帝是三位一体（圣父、圣子和圣灵，既相同又有区别，虽有区分却又为一体）的神时，人们无法相信。此时派翠克俯身从地上摘了一棵三叶苜蓿，形象地说道："三片同样的叶子能长在同一根茎上，圣父、圣子与圣灵成为一体又有何不可？"爱尔兰人听了之后就信服了，并且庄严地接受了圣派翠克为他们举行的基督教洗礼。

　　圣派翠克在爱尔兰一待就是30年，直到去世。圣派翠克在爱尔兰的传教事业相当有成就。他在此期间建立了众多的修道院和学校，替大约12万人行了洗礼。最终，在圣派翠克的影响之下，完全信仰异教的爱尔兰变成了一个信仰基督教的国家。

圣派翠克死于公元 461 年的 3 月 17 日。噩耗传出之后，成千上万的人群前来参加葬礼。送葬的人们手举火把与蜡烛，把黑夜照得如同白昼。甚至有的传说记载，从圣派翠克安葬那天起，太阳再没有落过山。圣派翠克死后，善良的爱尔兰人将他安葬在爱尔兰的唐帕特里克。后来人们为了纪念这位给人们带来福音的圣徒，就将他去世的日子定为圣派翠克日，每年庆祝一次。

圣派翠克——爱尔兰人的保护神

圣派翠克几乎被视为爱尔兰人的保护神。3 月 17 日在爱尔兰日历上也就占据了特殊的地位。几百年来，爱尔兰人一直延续一年一度的隆重庆祝圣派翠克节的传统。每到这一天，早晨在教堂有大弥撒，之后就是集会游行与演说，晚上人们则载歌载舞，尽情欢乐。欢乐的人们跳着爱尔兰传统的爱尔兰踢踏舞，唱着爱尔兰古老的歌谣："圣派翠克节，我们大家都欢畅。"

圣派翠克节的传统习俗

派翠克酒和三叶苜蓿草

在圣派翠克节，传统的饮食是"派翠克酒"(淡啤酒、啤酒或威士忌)外加腌鲑鱼以及燕麦面包。晚上的传统习俗是把三叶苜蓿(Shamrock)浸在派翠克酒里。浸三叶苜蓿草的方法是由信徒把它在啤酒中蘸一下，而后再碰一下插在帽檐上的三叶苜蓿草。这代表着互祝长命富贵，特别祝愿彼此能够长期以低价租种土地。三叶苜蓿是爱尔兰随处可见的一种草，人们常常将它当作水田芥一样食用，也被认为是圣草，可以治百病。因此，爱尔兰国徽上的图案就是三叶苜蓿草，它也是英国盾形纹章的一部分。在大不列颠的国徽中，玫瑰象征英格兰，蓟象征苏格兰，三叶苜蓿则象征爱尔兰。

圣派翠克节作为一个节日也与爱尔兰的气候和节令有关。人们相信 3 月 17 日圣派翠克节之后，每隔一天，必然晴空万里。爱尔兰人无论在哪里，都普遍认为圣派翠克节过后，在花园里栽花种草的时候就到了。在节日里，我们随处可见大街上有身穿漂亮衣服的老太太在人群中叫卖："三叶苜蓿草，新鲜的三叶苜蓿草！"

绿色——爱尔兰情结

绿色圣派翠克节最大的传统当首推在这一天穿绿色的服装。绿色是三叶草的颜色，也是素有绿宝石岛之称的爱尔兰的国色。就是在校园里也一样，如果谁在圣派翠克节这一天不穿绿色的衣服，就会挨穿绿衣者的拧。

圣派翠克游行

圣派翠克节的另一大传统是游行，无论是在爱尔兰还是在海外，有许多城市在这一天都要举行游行。其中纽约幸运地成了第一个在圣派翠克节游行的城市。在1762年的圣派翠克节，爱尔兰人自发地组成团队上街，人群浩浩荡荡穿过纽约市的大街。每到圣派翠克节，在爱尔兰的首都都柏林，都要举行盛大的游行及爱尔兰民族舞蹈盛会。社会各界名流也将聚集一堂，在都柏林的圣派翠克大舞厅里举行盛大舞会，就连爱尔兰共和国的总统也必然亲临这一年一度的社会活动。

在北美流行着这样一句话：在海外没有一个爱尔兰人是真的爱尔兰人。在19世纪中期(1845—1850)，爱尔兰人因为马铃薯饥荒的原因，纷纷举家移居波士顿、纽约和加拿大的蒙特利尔(Montreal)以及魁北克(Quebec)。相比较而言，移居北美的爱尔兰人大多数是来自北爱尔兰受过教育以及富有的家庭。这些海外的爱尔兰侨民仍然保留了过圣派翠克节的传统。移居在东海岸城市的爱尔兰人，每逢圣派翠克节除了传统的庆祝内容外还加上了游行、饮啤酒和吹喇叭等活动。

旅居日本的爱尔兰人在3月17日这一天庆祝圣派翠克节。

团结——爱尔兰精神

团结圣派翠克节也象征着爱尔兰人团结的精神。特别是在美国的爱尔兰人常常会受到敌视爱尔兰人的歧视，借着庆祝传统节日，爱尔兰人团结在一起，互爱互助，抵御外歧。1948年，杜鲁门成了美国历史上参加圣派翠克节的第一位美国总统。

如果说纽约是美国第一个在圣派翠克节举行游行的城市，那么，波士顿就是第一个在3月17日庆祝圣派翠克节的城市。波士顿市民第一次庆祝圣派翠克节的时间是1737年。直到现在,居住在美国的纽约、芝加哥、旧金山以及波士顿的爱尔兰人对传统圣派翠克节的庆祝活动并不亚于本土的都柏林。有些地方新年一过就开始准备节日的庆祝工作了。其中的游行活动最为壮观,二三十万人的游行队伍在乐鼓和角笛的伴奏之下,浩浩荡荡地行进在春光明媚的大街上。绿色的服装无疑是节日最耀眼的点缀,因为绿色象征着对有"绿宝石岛"之称的爱尔兰的纪念。收音机里从早晨到晚上一直播出爱尔兰人最喜爱的传统歌曲《当爱尔兰的眼睛在欢笑时》、《穿绿衣》等。在旧金山,人们在圣派翠克节这一天最喜欢去的地方是爱尔兰酒店和饭馆。人们喝着"绿色"的啤酒,唱着爱尔兰歌曲,共同举杯祝福着祖国的繁荣与昌盛。

按照传统,爱尔兰的军队里在圣派翠克节这一天可以鸣枪庆祝。人们还认为在这一天发现四叶苜蓿(four-leafed clover)的人可以交好运。另外节日里吻一下著名的巧言石(Blarney Stone)也会带来好运。

圣派翠克节的文化象征——蛇、三叶草和精灵

圣派翠克节的庆祝反映着爱尔兰人尊重圣徒的文化,所以大部分与3月17日相关的象征物也都与圣派翠克有了直接的关系,虽然一些事物也许原本与它毫无瓜葛。

蛇

据爱尔兰的传说,圣派翠克一生中做过许多有益于当地人的事情,其中最带有传奇色彩的是圣派翠克将祸害爱尔兰人的蛇群赶出了爱尔兰岛。爱尔兰岛上蛇满为患,要追溯到冰川时代,从那时起就有许多蛇生存于爱尔兰岛了。相传圣派翠克先将蛇赶到一个山头上,然后禁食祈祷40天,并在山上给蛇传道。40天之后,将蛇赶下了大海。这一传说似乎更多地象征驱赶异教徒。实际上,爱尔兰人庆祝圣派翠克节本身就包含着纪念这一天圣派翠克将基督教传入岛上的意义。

三叶苜蓿

这是一个没有历史考证的传说。当派翠克在爱尔兰传教时,需要向人们解释清楚基督教中一个非常重要但又是非常难懂的教义——三位一体时,他巧妙地应用了三叶苜蓿作为比喻,最终使人们明白了。三叶草上三个形状不同、又同样重要的叶子,就如同三位一体教义中的圣父、圣子和圣灵。无论如何这个传说足够解释三叶苜蓿成为爱尔兰象征物的原因。

一个传统的精灵

小精灵成为圣派翠克节的象征物之一,更多是因为它经常作为问候卡上的一个图案,而不是将它作为爱尔兰的保护神。原本小精灵与圣派翠克节并无关系,它们一般被视为脾气不好的精灵,并有能力作许多伤害人的恶作剧。

故乡情结

爱尔兰的祖先们早年由于饥荒远离家乡,但他们一直没有放弃回归故土的盼望。所以,在侨居他乡的爱尔兰人中流传着许多梦想回归绿色家园的歌谣。下面是一首爱尔兰传统歌曲

And if there is going to be a life hereafter,   我确信将来会有一种生活
And somehow I am sure there's going to be,   我将向上帝祈祷,在
I will ask my God to let me make my heaven,   爱尔兰海对岸那可爱的土地上
In that dear land across the Irish Sea.   创建我美丽的天堂。

圣派翠克节的饮食文化

一群欢庆圣派翠克节的爱尔兰少年。

甜品 实际上爱尔兰的传统食品本身就是圣派翠克节的一部分。盐腌的咸牛肉与卷心菜和苏打面包与土豆薄烤饼一样都是爱尔兰人最大众化也最流行的传统食品。

爱尔兰啤酒 在圣派翠克节,最普通和常见的饮料是生啤酒,这样一种简单的啤酒代表着加在绿色食品中的自由主义的精神。对于啤酒爱好者来说,最具烈性的啤酒莫过于居尼斯(Guinness)。

爱尔兰咖啡 爱尔兰咖啡则是另一别具一格的节日饮品。在咖啡中掺少许爱尔兰威士忌,再加一方块糖在咖啡杯底,还有新鲜的生奶油,——就制成了一杯诱人的爱尔兰馋人的咖啡。

节日食谱

爱尔兰苏打甜面包

用料:面粉 4 杯,发酵粉 1 汤匙,盐 2 茶匙,苏打粉 1 茶匙,黄油 1/4 杯,葡萄干 1 杯半,鸡蛋 1 个(打均匀),脱脂牛奶 $1\frac{3}{4}$ 杯。

制法:面粉、发酵粉、盐、苏打筛后混合入盆内,加入黄油搅拌均匀,再加入糖和葡萄干。鸡蛋与牛奶混合后加入面内,搅拌成柔软的面团(根据需要可适当增加面粉),放置于撒有干面粉的面板上,揉透揉匀后,将面团切成两半,搓成 2 个圆形面包放置于大烤盘内,也可放在涂有黄油的扁平铁锅内。在每个面包上用刀画上十字(意思是纪念基督被钉十字架),放入烤箱内,以华氏 375 度烘烤 40~50 分钟即可。

爱尔兰咖啡

爱尔兰咖啡是许多咖啡馆中最受欢迎的饮料之一,制法如下:

在温热的葡萄酒杯或爱尔兰咖啡杯中,放入2茶匙白糖,注入2/3杯浓的热咖啡,倒入2汤匙爱尔兰威士忌,最后,放上掼奶油或其他冷却的用掼奶油制成的甜食即可,仅供一人食用。

咸牛肉炖卷心菜

咸牛肉炖卷心菜是爱尔兰人都喜欢的食品之一,也是圣派翠克节中最传统的食物。古老的爱尔兰家庭,长子一般要留在家中与父母一起务农,其他孩子们则可以外出闯世界,自谋生路。19世纪中期,爱尔兰遇到了百年不遇的灾荒,由于土豆歉收给爱尔兰人带来了极大的灾难。因为土豆是爱尔兰人的主要食物,饥饿的人们不得不背井离乡,于是有许多人来到了美国。聪明的爱尔兰人发现肉类在美国相当丰富,就在传统的蔬菜,土豆、胡萝卜、洋葱、卷心菜中加入了咸牛肉,这就成了后来深受爱尔兰人喜爱的菜肴——咸牛肉炖卷心菜。

用料:咸牛肉(腩肉)3~4磅,洋葱3个,胡萝卜8根,土豆4个(切成2片或4片),青萝卜2根(切成方块),卷心菜一棵(切成块)。(1磅=0.4536千克)

制法:牛肉放于大锅中加满热水,置于火上炖3~4小时,直至炖烂。炖烂前35分钟左右,撇去多余的肉油,并加入洋葱、胡萝卜、土豆、青萝卜。盖上盖煮20分钟后加入卷心菜,再煮10~15分钟即可。

爱尔兰土豆薄烤饼

喝着居尼斯啤酒和爱尔兰咖啡,再吃几块土豆薄烤饼,就是最普遍的爱尔兰传统饮食。土豆薄烤饼的简单制法如下:

捣碎半磅煮熟的土豆,加入半磅生肉与土豆搅拌成泥。再加入半磅面粉。加入盐与胡椒粉调味。之后加一个鸡蛋拌均匀,加入适量的牛奶至能够从勺子上流下来为宜。取一大勺倒入煎锅,每一面煎3~4分钟,当饼的颜色变成黄褐色时即可。最后加少许苹果酱食用。

3月15日~19日 火节

"火节"在西班牙是一年当中庆祝最盛大热闹,也是最能吸引世界各国游人的节日。关于火节的起源还要追溯到中世纪时期,起初是为了纪念木工的守护者圣约瑟而设立的圣约瑟节。据《圣经》记载,约瑟是耶稣的父亲,以木匠为业。在最初的几个世纪,天主教的信徒们只对殉道者有称圣的敬礼,对耶稣的父亲约瑟并没有给予圣者之礼。直到8世纪时才在考波特的教会历书(Coptic Calendars)中发现最初对圣约瑟的敬礼的记载,即在7月20日纪念"木匠约瑟"。

到12世纪十字军兴起的时候,军队曾在耶稣的故乡,也就是约瑟的出生地——拿撒勒建起了一座教堂,为的是尊敬圣约瑟。同时在意大利也建造了一座纪念圣约瑟的圣堂。并在此时开始选定3月

木匠铺　约翰·埃弗里特·米莱斯 [英] 1829-1896

19 日为圣约瑟节。后来对圣约瑟的纪念与庆祝被方济会士传播到了各地，但到中世纪才正式得到圣座的认可。在出自方济会的教皇西斯笃四世时期（1471—1484），才将圣约瑟节定为简式 (Simplex) 庆祝。1621 年，教皇国瑞十五世通令全教会遵守圣约瑟节。后又在 1870 年声明圣约瑟为普世的保护者，并将圣约瑟节升为复式第一等节日。从 1956 始，圣约瑟又被加上了"圣母净配"的名衔，因此圣约瑟节的完整名称应为"圣母净配及普世教会主保圣约瑟节"。

在 1955 年，教皇碧岳十二世将圣约瑟节改至 5 月 1 日，称"圣约瑟劳工节"，它的拉丁文全名为"圣母净配工人圣约瑟、劳工主保节" (Sollemnitas S. Joseph Opificis, Sponsi BMV, Confessoris, Opificum Patroni)。

在西班牙，从圣约瑟的传统节庆发展到今日别具规模与特色的狂欢嘉年华会，是从 20 世纪中期才开始的。到如今，每年的 3 月 15 日~19 日，在西班牙的瓦伦西亚都要举行盛大的庆祝活动。届时，最引人注目的是长长的游行队伍和燃烧人偶发出的灿烂火光，可算是一道独特而壮丽的景观。在连续 5 天的庆祝活动中，整个瓦伦西亚都沉浸在一片欢乐的海洋之中。

传统的节日习俗是用巨大的纤维灰浆做成巨大的仿真人像，然后将其布满瓦伦西亚的街头巷尾。这些仿真人像一般高达 6 米左右，形象栩栩如生，使人有如入仙境之感。他们往往反映的是当时的政治和经济现状，或者是当代的一些人物。到节日的最后一天——3 月 19 日，庆祝活动进入高潮，非常壮观的燃烧仪式正式揭开序幕。仪式上一个个精心制作的巨大木偶人像被同时点燃，瞬间火光冲天，熊熊烈火立即将人像化为灰烬。奇特的景观成了西班牙火节独有的一道风景，世界各地的游客蜂拥而至，也是为了一睹这壮观的景致。

斗牛与各种竞技运动也是节日的另一传统节目。在众多比赛中，最精彩和激动人心的要算是烟火大赛了。在节日期间的每天下午 2 点，烟火大赛开始进行。各个不同的地方团体各自

在瓦伦西亚火节上被焚烧的纸偶——西班牙总理约斯·马利亚·阿兹纳。

点燃准备好的烟火，哪一队的烟火发出的声音最大，哪一队就是获胜者。放烟火的场地一般都会挤满观看的民众。大赛中为了安全起见，救护车往往随时待命。总之，西班牙的烟火节，热闹、欢腾而迷人，展现的是西班牙人的浪漫风情和火一样的好客热情。

西班牙斗牛士在瓦伦西亚火节上的斗牛表演。

3月~4月间　枫糖节

枫树是加拿大的国树，因此，加拿大又称"枫叶之国"，在加拿大的国旗和国徽上都有象征枫树的三片红枫叶。枫树在加拿大随处可见，其中以安大略省的魁北克最为著名。这种高大的落叶乔木在严寒的季节里迎霜傲雪，顶风挺立，是北国严冬的一片生机。等到春暖花开时，树叶翠绿，入秋则由黄泛红，染遍大地满山霞。由此，枫叶也为加拿大平添了一道五彩缤纷的自然风景。

枫树不仅仅是观赏植物，更重要的是它的食用与经济价值。枫树的含糖量可高达10％，特别是糖枫和黑枫是两种主要的产糖枫树，加拿大全国枫糖产量占世界总产量的70％左右。润滑香甜的枫糖浆是加拿大人的美食，也正因如此，"枫叶之国"的人们选择每年三四月，即枫糖盛产期定为节庆来庆祝。同时枫糖也深受全世界人的喜爱，或许这又是一个枫糖节誉满全球的原因吧！

每当传统的枫糖节到来之时，农场都要粉饰一番，并向游人开放，人们可品尝大自然赋予他们的甜美的礼物——枫糖。枫糖节的庆祝一般在安大略省的圣雅各村——介于多伦多市与尼亚加拉瀑布之间的一座古老的乡村小镇举行。在庆祝枫糖节期间，枫叶糖浆自然就成了主角，人们吃枫叶糖，品味甘甜。从早上7点开始，人们就开始了"狼吞虎咽吃薄饼"的活动。每年这样的活动都会供应15 000个薄饼，并配上606升枫糖，让游客们尽情享受。

枫糖的制作过程：先在树上打个眼，然后用导管把树汁引到一个个桶里，再集中在一起蒸发，在蒸发的过程中大部分的水分失掉后，就剩下了浓而甜的糖浆了。

枫糖节除了与枫糖有关的活动外，还有丢薄饼趣味竞赛、逛户外集市、逛跳蚤市场、手工艺品展、玩具展、狗儿秀、农场展、小镇风情巡礼等活动都会一一登场。游人们可以选择任何自己喜欢或感兴趣的活动，尽情享受枫叶糖的甜蜜，充分体验枫糖节的欢乐。

　　基督教在扩展过程中,不断地与异教文化相接触。早期的基督徒与异教徒的风俗习惯及宗教礼仪格格不入。因为这些异教色彩的风俗礼仪往往涉及对异教神的崇拜,而这与基督徒的独一神信仰是相互冲突的。因此随着基督教的不断发展并在传入地成为强势宗教,基督教的信仰与文明也不断地影响着当地的文化,使传入地不断地被基督教化。基督教的复活节就是这一现象的一个很好的范例。

古代异教的复活节

　　"复活"英文作 Easter,来源于德文 Ostern,其含义是指"日出时分,新生时刻"。Easter,与日出之方向 east(东方)出自同一个词根,原意为庆祝太阳从东方升起。实际上,它是古代异教徒对自然现象的一种崇拜,属于一种新春的祭祀礼仪。有关祭祀春天的风俗的古老故事来自于印欧神话传说:据说"复活节"(Easter,Ostern)一词源于盎格鲁撒克逊民族神话中黎明女神的名字 Eostre。它的原意是指冬日逝去后,春天的太阳从东方升起,把新生命带回来。

　　寒冷的冬季给人们带来的是恐怖的信息:大地仿佛将要死去一般,严冷枯寂,毫无生气。太阳只能发出淡而微弱的一丝光热。白天变短了,黑夜变长了。食物稀少而难以觅寻,生存变得艰难了! 在死亡般的冬日里人们企盼春天早回大地,感到自己有责任为此做些事情。他们接连不断地举行象征丰产的迷信活动和崇拜,企图以此能使大地、动物与人类复活。

　　这些风俗活动从一年中最短的一天——冬至开始,直至四五月份春回大地为止。"驱赶冬天"是这些活动的起始。参加者身穿盛装,头戴狰狞的面具,四处游行,尖声喊叫,以此"恐吓"冬天,"吓"走冬天。人们还会点燃轮子或木桶,将其滚下山坡,凭借熊熊烈火的耀眼光辉冲破黑暗,欢迎春日早回。还有一种与驱赶冬天的习俗相近的做法是"埋葬"冬天。村民

2005 年 3 月 27 日意大利西西里岛的基督徒在庆祝复活节。

37

们在街上为冬天举行"葬礼":"送葬者"身着化装舞会上的衣服,将一个象征着冬雪的白色的稻草人或肢解,或焚烧,或处以绞刑等。旁观者则高呼狂欢,庆祝征服了冬天。

冬天被驱赶、埋葬了,接下来人们开始举行祈求保障人类、动物和大地复活的宗教礼仪。

复活节基督教化

《圣经·新约》中有许多关于耶稣基督复活的记载。耶稣是上帝之子,因为上帝爱世人,所以差遣他来到世界,把上帝的爱彰显于世人。但是这个世界上的人不认识上帝,也不认识上帝的儿子,因为他行事有大能力、大权柄,引起了当时犹太地区的宗教领袖们的嫉妒,因此他们设计要置他于死地。这个过程是充满痛苦、忧伤甚至是绝望的。首先是与耶稣一同吃饭的一个叫犹大的门徒为了30块钱出卖了老师;而信誓旦旦要永远跟随着耶稣的那个叫彼得的门徒在老师被捕的那一刻,也亲口否认了自己与老师的关系;那些嫉恨他的人诬陷他、羞辱他;兵丁们脱了他的外衣,瓜分他的里衣;那些曾得到过他的帮助,听到过他的作为的人们高呼:"钉他十字架!钉他十字架!"耶稣被挂在十字架上,大地为之黑暗,太阳为之变色,一切似乎都进入深不可测的绝望之中。最后,耶稣被安置在坟墓里。这些事情发生在犹太人的逾越节里,那天是礼拜五。

耶稣曾说过他死后3天要复活,虽然那些害他的人并不相信这话,但他们还是派重兵把守耶稣的坟墓,又用巨石封住了墓穴的门口。

过了犹太人的安息日,也就是一周的第一天,耶稣复活了!裹尸布、封墓巨石、守墓兵丁都无法束缚复活的耶稣基督。这应验了他自己所说的预言:"看哪!我们上耶路撒冷去,人子要被交给祭司长和文士;他们要定他死罪,又交给外邦人,将他戏弄、鞭打、钉在十字架上,第三日他要复活。"(《马太福音》第20章:18~19)。

由于Easter喻意新生,这个含义很容易转变为基督教对于复活的耶稣基督的纪念:基督是世界之光(可喻指太阳),而基督的

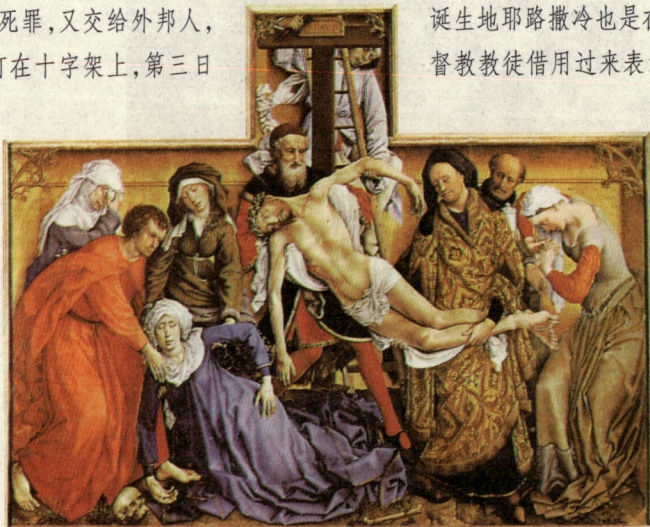

诞生地耶路撒冷也是在东方!于是被基督教教徒借用过来表示生命、光明、欢乐的恩赐者耶稣再次回到人间。现在复活节是为了纪念耶稣被钉上十字架,3天后死而复活的基督教节日,是基督教对异教风俗的转化。

下十字架　　　　　　　韦登[佛兰德斯] 约 1435-1438

复活节日期的确定方法

复活节(也称复活节主日)成为每年用以纪念耶稣复活的节日。每一个复活节主日的具体日期都需要计算。从公元 31 年到公元 325 年,复活节主日或是在犹太人逾越节的第二天或是在逾越节的第一个礼拜日。在公元 325 年 6 月,天文学家们将天文学上的月圆日(Astronomical Full Moon Date)称为教会月圆日(Ecclessiastical Full Moon Date)。自公元 326 年开始,逾越节月圆日(Paschal Full Moon Date)和教会月圆日总是在 3 月 20 日(在公元 325 年这一天是春分日)后的同一天,范围在 3 月 22 日到 4 月 25 日之间。这一时段里,复活主日并不决定于当年的春分日,而是根据犹太人的历法计算当年的逾越节月圆后的第一个主日。

公元 1582 年 10 月教皇格利高利十三世(Gregory XIII)修订了犹太历法。于是,自 1583 年起,每一个逾越节月圆日与天文学月圆日总是不同,相差通常不多干一天。从此计算复活节的方法为:复活节主日在每一年春季里,并与其前的天文学上的月圆日有固定的联系:即春分月圆后第一个礼拜日。从公元 1583 年到公元 4099 年 3 月 20 日(而不是 3 月 21 日)是最普通的格利高利春分日,它因此也成为在复活节主日计算方法里最为重要的日子。现在,每年在教堂庆祝的复活节指的是春分月圆后的第一个星期日,如果月圆那天刚好是星期天,复活节则推迟一星期。但是,由于 16 世纪西欧各国改用格利高利历之后,东正教以及某些东方教会仍沿用儒略历,故东方教会的复活节在具体的时间上常比天主教和新教迟两个星期。

耶稣复活　　　　　　　汉斯·曼林

复活节的宗教文化与习俗

从历史发展的纵向来看,复活节的庆祝活动是由简朴逐渐趋向丰富多彩,由纯神学意义慢慢走向带有世俗色彩的宗教礼仪与习俗。

39

复活节蜡烛

在古代耶路撒冷和罗马信徒的家庭中就有在夜晚点灯，迎接光明的习俗。点灯的人先说："基督之光。"然后其余的人回应说："感谢天主。"在这种习俗中，信徒们一般将烛光视为基督——世界之光的象征。虔诚的信徒们往往要在每日的晚宴之前举行这种迎光仪式。而这种点燃蜡烛的习俗在复活节前更是达到高潮，特别是在中世纪，天主教在举行点蜡烛礼仪时，先要从圣墓旁边的长明灯中取火，以象征光明。

点燃蜡烛的习俗源自东方教会，后来西方教会也采取了这种仪式，并且加入了一些新的内容。在复活节前的一周，教堂要准备两支大蜡烛放在圣洗池或祭台旁。在这个周四的时候，把教堂里所有灯里的油都倒入3个大型的挂灯中，悬挂在一个隐秘的地方点燃起来。在守夜礼(复活节的前夜彻夜不眠，点蜡而守)的时候，由此灯取火点燃两支大复活节蜡烛。

复活节是教会喜庆的日子，而光就是喜乐的象征，复活节前夕的守夜礼则是喜乐与光的庆祝。在整个守夜礼的活动中，复活蜡烛庆祝的中心，除了两支大蜡烛，每一位信徒手上都点着一支小蜡烛。大蜡烛象征基督，他燃烧自己，照亮别人，为黑暗的世界带来光明；小蜡烛象征着虔诚的信徒围绕在基督的周围，而每一个信徒的恩典都是由基督而来。在点燃蜡烛的同时，伴有祝圣蜡烛、在蜡烛上画十字并插乳香丁以及降福等礼仪。从4世纪开始，又增加了一项在复活蜡烛前唱《蜡烛赞》的礼仪。据说《蜡烛赞》是奥古斯丁所作，它表达了基督使用诗歌、音乐等具体的艺术手法赞美耶稣基督的神圣情感。

烛光游行

复活节期间，对于信徒们而言，烛光游行是一件非常激动的事情。在复活节前夜，当黑幕降临的时候，点燃所有的蜡烛，高举着大蜡烛的执事走在最前边，边走边唱道："基督之光。"然后手持小蜡烛的信徒则回应着唱道："感谢天主。"之后，人们在执事的引导之下依次进入教堂，这时的教堂灯光全部熄灭，一片漆黑。当执事走近教堂大门时，再次吟唱："基督之光。"众人应答："感谢天主。"这时从执事手上的复活蜡烛取火，然后点燃每人手中的小蜡烛，一齐步入教堂，走向祭台。执事直到祭台后，面向

众人第三次高唱："基督之光。"人们再做同样的应答："感谢天主。"之后点燃教堂内所有的灯，整个教堂霎时间灯火通明。

当信徒们手持蜡烛走完这样一段神圣的道路之后，烛光游行结束了。执事将复活蜡烛放在祭台上，它象征着基督降临在信徒们之中。然后，执事在读经台上唱"复活宣报词"，赞美天主的慈爱与伟大，同时报告耶稣已经复活的喜讯。手持小蜡烛的信徒则在静静地聆听喜讯之时，也共同享受着基督复活给人们带来的希望与喜悦。

信徒们在复活节前夕举行烛光游行的另一意义是，亲身体验古代以色列人曾绕行旷野的经历，感受那种在火柱的引导下经过艰难跋涉而走向幸福与自由的精神。烛光还象征着基督徒在尘世的生活中，要紧紧跟随耶稣基督——世界之光，在他的引导之下才能不迷失方向，一直迈进永生的天堂。

复活节圣火

火不仅给人类带来了光明，也使大地获得了新生。作为耶稣再生的象征，复活节的许多活动都与火相关。复活节这一天，人们在教堂前点烛以示圣化，并将圣烛迎进千家万户。这一天，孩子们最快乐的事就是把圣火送到各家。他们在教堂前用圣火点燃树枝，然后奔跑着送到各家各户，其间充满着欢快的节日气氛。在德国的巴伐利亚地区，每年的复活节居民们都要举行火炬赛跑，以庆祝耶稣的再生。而北莱茵上威斯特法伦州的吕克台复活节滚火轮更是远近闻名。6个巨型大木轮被火点燃滚下山谷，就像6个火球从天而降，漆黑的山谷被大火轮照得通明，它与五彩缤纷的焰火交相辉映，再次显示了火给人类带来了新生。

复活节篝火

篝火会是在复活节前夕，即复活节星期日前一天的星期六举行的一种活动。在这一天所有天主教国家都有一个风俗，熄灭教堂里所有的火，然后用火石和钢，或用火镜点起新火。用这新火点燃逾越节或复活节的大蜡烛，然后再用这个大蜡烛点起教堂里所有熄灭的火。德国有许多地方也用这种新火在教堂附近的空地点起一堆篝火。这是献祭于神的篝火，人们拿着橡树、核桃树、山毛榉的枝子，在火上烧成炭，然后带回家去。有些炭枝在家中新点起的火中烧掉，并祷告上帝赐福全家，免受火灾、雷电和冰雹的侵扰。这样一来，每家都有了"新火"。有些炭枝保存到来年，遇到大雷闪电的时候，放在灶里，以防房子遭电击毁，或者把炭枝塞在屋顶下，也是为了同一目的。还有些炭枝子放在田里、果园里、草地上，祷告上帝保护它们，免受霜雹，虫不会吃它们，巫婆不能伤害它们，谷穗长得又密又饱满。人们还把炭枝放在梨上，把复活节火堆的灰以及神圣棕榈树枝的灰在播种时和种子拌在一起。有时在祭过神的篝火上焚烧一具叫做"犹大"的木制偶像。现在已经废除这种风俗的地方有时仍称这种篝火为"烧犹大"。

复活节篝火的风俗似乎在整个德国从北到南、从中部到西部都流行过。农民举行的复活节篝火会的方式和与复活节篝火会有关的一些迷信，都明显地表示出它的性质乃是非基督教的。我们在荷兰也发现有复活节篝火。在荷兰，篝火是在最高的地方点燃的，人们围着火跳舞，从火焰上或从燃着的炭上跳过。在这里也跟在德国常见的一样，篝火用的燃料由青年人挨家搜集。在瑞典许多地方，复活节头天晚上人们朝四面八方放火枪，在山上和高地点起篝火。有人认为举火的目的是要防止在这个时日特别活跃的妖精。

基督复活   伊拉斯摩·凯兰 1607—1678

复活节大游行

过去，在多数西方国家里，复活节一般要举行盛大的宗教游行。游行者身穿长袍，手持十字架，赤足前进。他们打扮成基督教历史人物，唱着颂歌欢庆耶稣复活。如今节日游行已失去往日浓厚的宗教色彩。整个游行洋溢着喜庆的气氛，具有浓烈的民间特色和地方特色。在美国，游行队伍中既有身穿牛仔服踩高跷的小丑，也有活泼可爱的卡通人物米老鼠。在英国，游行多以介绍当地的历史和风土人情为主，游行者打扮成苏格兰风笛乐队以及皇宫卫士，吸引着众多的游客。

复活节着新装

复活节的到来还使人们纷纷换上新衣。最早的第一批基督徒是于复活节前的一个星期在河水中受洗礼的，然后他们穿上白色的长袍表示基督的新生。以后无论是否行过洗礼，人们都在复活节穿戴一新。这一习俗一直保留至今，随着复活节的临近，人们纷纷换上新衣。这些新衣、新鞋、新帽是"春天"的象征，甚至有人认为复活节里不穿新衣是要倒运的。

复活节要清洁

漫长、寒冷的冬季过后，在复活节期间，人们还喜欢彻底打扫自己的住处，迎接新春的到来。此时他们平时清洁不易涉及的地方都被彻底清扫，墙角、地毯、窗帘、抽油烟机等都要清洗一番，以便让清新的空气充满每一个角落，表示新生活从此开始。

复活节的礼物与象征意义

典型的复活节礼物跟春天和再生有关系,如鸡蛋、小兔子、小鸡、鲜花,特别是百合花是这一季节的象征。复活节也是向你所关怀的人送鲜花、盆景、胸花等的节日。许多去做礼拜的人这天也向教堂献上花束。成人们则往往互赠贺卡或小件礼品。传统上人们在复活节给孩子们送去活的小鸡、小鸭、小兔子等,但孩子们太小,往往不能恰当地喂这些小动物,所以究竟送什么礼物,你得认真考虑一番。

复活节彩蛋

复活节有不少传统习惯,最典型的要数制作复活节彩蛋。古人常把蛋视为多子多孙和复活的象征。而古埃及人、波斯人、腓尼基人、印度人乃至中国人都相信世界本身起源于一个巨大的蛋。后来基督教徒又赋予蛋新的含义,认为它是耶稣墓的象征,未来的生命就是从其中挣脱而出世的。复活节时人们把鸡蛋染成红色,代表耶稣受难时流出的鲜血,同时也象征复活后的快乐。

复活节前夕,孩子们常常给鸡蛋着色、打扮一番,为朋友和家人们制作彩蛋。他们有的把这些蛋煮得很老,有的则把蛋的两头打个小孔,让蛋清与蛋黄流出来,只留下空空的蛋壳。着色则要花更大的工夫。很早以前,人们从洋葱皮、植物、胡桃壳及其他能产生美丽颜色的植物中提取颜料来绘制彩蛋。彩蛋上图案都有一定的象征性,如:太阳象征吉祥如意,鸡象征如愿以偿,鹿象征身体健康,花象征爱情与美貌。

复活节那天早上,孩子们会发现床前的复活节篮子里装满了巧克力彩蛋、复活节小兔子、有绒毛的玩具小鸡及娃娃玩具等。据说复活节兔子会将彩蛋藏在室内或是草地里让孩子们去寻找。还有一种古老的习俗,是把煮熟的鸡蛋送给街头的孩子们做游戏,他们把蛋往前滚,谁的蛋最后破,谁就获得胜利,蛋全归他所有。

俄罗斯圣彼得堡展出的一枚复活节彩蛋。

复活节兔子

复活节的兔宝宝是最为著名的复活节象征,在所有的复活节象征物里面没有什么能比兔宝宝更受人爱戴的了。尽管把复活节与兔子联系起来的传统可能追溯到很早以前的民间传统,但一般来讲,以兔宝宝作为复活节的象征物首先出现在16世纪的德国,而且德国在19世纪第一个制造出可以食用的"复活节兔子"。

许多亚洲人和欧洲人都很崇敬兔子,把它作为神圣的动物。对于中国人来讲,兔子是月亮中的生物,不停地在白中捣米。佛教徒认为兔子被放置在月亮

里是因为它牺牲自己,把自己当作食物奉献出来。还有一个版本说,兔子在因陀罗之火里烧自己,因为它不能给因陀罗提供食物,并且这位神把它放到月亮里以作为报应。对于埃及人来讲,他们称野兔为UN,意为"睁开"或"睁眼者",因为野兔一出生就是睁着眼睛的,同时UN也作为月亮与人的循环的一个象征。

西欧的土著人,塞尔特人的传统中把兔子当作是多产和新生命的象征,德国传统中认为兔子在每一个春天会带来新生命。在北美,兔子也受到尊敬。对于美国本土人来讲,兔子能给人类带来祝福。在玛雅文化中就给予了兔子很高的赞誉。正是由于这些古老神圣的传统与复活节的融合,兔子逐渐从古代"新生命的带来者与更新者"的形象被再塑为兔宝宝,成为复活节的一个象征。

复活节兔子从未受过任何基督教影响,它是复活节中少有的不带宗教色彩的象征物之一。

复活节的鸡

鸡是复活节最普通的象征。因为它是从蛋中生出的新生命。其他由蛋孵出的动物,如鸭、天鹅、鹅也是复活节的象征。

复活节蝴蝶

蝴蝶也常被作为复活节的象征物。它代表出生、死亡、再生的生命历程。其幼虫代表生命,茧代表死亡,蝴蝶代表再生、复活。基督教把蝴蝶象征为基督的复活。

拉帕—努伊国家公园1995年被认定为世界遗产。距智利海岸3800海里的南太平洋上的一个孤岛,面积约180平方公里。1722年复活节这天,荷兰探险航海家雅各布·罗格文登上该岛,故而命名为复活节岛。

复活节花篮

复活节的清早,孩子们会早早地起床寻找复活节花篮,这是"复活节兔子"(孩子的父母们)前一天晚上给他们带来的。篮子里装有各种蛋形的糖果、兔形巧克力,装有饰物的鸡蛋、毛茸茸的兔子玩具等。这一风俗可能源于古老的礼仪,人们带着种子和秧苗到庙里乞求它们生长茂盛,有一个好的收成。

复活节的饮食文化与象征意义

复活节的食物有烤羊肉、带十字架的馒头、煮鸡蛋、做成复活节兔子形状的食品、烘火腿及春季上市的蔬菜。

烤羊肉

烤羊肉目前是复活节最普遍的食物。在复活节吃羊肉的宗教传统可追溯到古代犹太人的第一个逾越节。那时,他们的祖先在埃及寄居,受了许多苦,于是请求法老解救他们,但遭到拒绝。法老几次失言,以致上帝降下"十灾"来警诫法老。其中最后一灾是击杀长子之灾,凡在埃及出生的长子,不分是埃及人还是犹太人,不分是人还是动物都要被击杀。在这一灾难中,上帝恩待犹太人,只要他们宰杀一只羊,取其血涂于门柱上,全家人吃这羊的肉,灭命的天使看到这一记号就会越过这一家。犹太人的长子就会因此得救。这是犹太人的逾越节,耶稣与门徒共进的最后晚餐就是逾越节的晚餐。在基督教和犹太教中羊具有象征意义,他们把耶稣看成是新的替罪羊,因为他为世人的罪而死,奉献了自己的生命。耶稣常被称为"上帝的羔羊",这是复活节期间基督教的重要象征。

十字的馒头

带十字的馒头早在基督诞生前就有了。古代盎格鲁撒克逊人用烤制的小麦饼来祭祀春天女神沃斯特。教会千方百计想取消这种异教习俗,但鉴于人们喜爱这种风俗,他们只能以基督的十字架来改变异教的信条。在十字架成为基督的象征前,它是月亮与狩猎女神戴安娜的象征。因此,这同样的记号也可在纪念她的小蛋糕上发现。

猎神戴安娜
枫丹白露派画家(佚名) 1550-1561

45

4月

4月1日 愚人节

愚人节的起源

4月1日，是西方传统的民间节日——愚人节，又叫万愚节(All Fools' Day)。这一天是"智"与"愚"的交锋，人们可以随意互相说谎和作恶作剧。许多"无害的玩笑"为节日增添了不少的欢声笑语，因此这一节日一直广受人们的欢迎。愚人节起源于何时，发源于何地，至今仍是众说纷纭，难下定论。

劫走佩尔塞福涅   阿巴特[意] 1509/16-1571

希腊神话

据说，愚人节的起源与一个古老的希腊神话有关。希腊神话中万神之主宙斯和他的妻子农业女神得墨忒尔生有一个女儿，名叫佩尔塞福涅，女神得墨忒尔对她十分疼爱。一天佩尔塞福涅与女战神雅典娜、狩猎女神阿尔忒弥斯一起在田野散步，冥王哈得斯也正好驾车巡视西西里岛。这一切都被在云中行走的爱与美女神阿芙罗狄黛看在眼里，于是她叫自己的儿子——小爱神射了哈得斯一箭。中箭后的哈得斯立即对佩尔塞福涅产生了爱情。经过宙斯的默许，他在西西里岛抢走了在田野摘花的佩尔塞福涅之后沉到了地下。得墨忒尔得知女儿失踪的消息后，焦急万分。但那些知道真相的神灵们因害怕宙斯都缄口不语，有些神则胡指瞎点。得墨忒尔跑遍了东西南北仍无女儿的信息。由于对女儿的爱，她相信每一个神的话，尽管他们都在撒谎。最后，在太阳神赫利俄斯的指点之下，得墨忒尔才明白了事情的真相。但为时已晚，她的女儿在冥王的威逼利诱下，已经成了冥后，再也无法到地上与母亲团聚了。

这个故事显然在嘲笑得墨忒尔是一个傻瓜，她不知道女儿失踪，爱与美女神是元凶，自己的丈夫和哈得斯是同谋。事后又让众神愚弄得满世界乱跑。当这个神话传开之后，人们希望能用善意的谎言，告诫那些自以为聪明的人，不要因轻信而干蠢事，就设立了愚人节。

古罗马

按照公元前154年前的古罗马历法，4月1日是每年的春分，象征着土地和生命的复苏。因此古罗马人要在这一天举行盛大的祭祀和庆典活动。但到公元4世纪基督教成为罗马国教之后，基督徒在春分月圆后的第一个星期日开始庆祝复活节。那些仍在4月1日庆祝春分的人们因此会受到嘲笑和愚弄。久而久之，4月1日就变成一个专门愚弄人的节日了。

法国

传统上认为愚人节来源于16世纪的法国。按照法国的旧历法，新年从3月25日开始，共庆祝8天；4月1日是结束的一天，也是庆祝最隆重的一天。1582年，法国采用格列高利历法(Gregorian Calendar，即现行的公历)，新年的第一天也改成了1月1日。但由于当时人们的交通主要是步行，所以法王查理一世颁布的这条法令，许多地方的人们几个月，甚至有些较远处的人们几年才收到。也有些人拒绝采纳新历法，仍然在4月1日庆祝新年。还有一些地方的人则收到了错误的消息，并以讹传讹弄错了新年的日子。如此在法国境内至少出现了3个庆祝新年的日子。采用新历法的人们常常嘲笑守旧者为"愚人"或"愚差"，并在4月1日这天设假宴或送假礼物嘲弄他们。渐渐地人们就形成了在4月1日开玩笑的习惯，这个原来是新年的日子也就转化成了另一个节日——愚人节。从18世纪开始，愚人节在整个欧洲流行起来，后来由英国移民带到了美洲。

法兰西赞歌　罗马奈利 1610-1662

西班牙

西班牙人对于愚人节的起源流传着自己的一个爱国故事。西班牙人在9世纪到15世纪期间一直进行着反对摩尔人统治的独立战争，熙德则在抗战中渐渐成了人们心目当中的民族英雄。他智勇双全，带领的军队也作战勇敢，所以屡遭失败的摩尔人对其闻风丧胆。在熙德不幸牺牲后，摩尔人又开始了全面的进攻和镇压。聪明的西班牙将军把熙德的尸体绑在战马上冲锋在最前面，摩尔人以为熙德没死，转身奔逃，西班牙人乘胜追击，大获全胜，交战的那天就是4月1日。成功欺骗摩尔人并最终取得胜利的故事从此就在西班牙的民间流传，战争的日子——4月1日也渐渐成了愚弄、欺骗和嘲笑人的节日。故事本身虽无历史可考，但西班牙的民族英雄熙德却是确有其人，他死于1099年。若按此故事的流传时间推算，西班牙愚人风俗的形成则应该早于法国。

愚人节的起源就像愚人节本身一样，愚弄着所有想要找到确切根据的认真的人们。直到今天，西方的许多媒体和学者们每到愚人节都要发表许多关于此节起源的"新发现"和"新的研究成果"，如果你信以为真的话，自然就上当了。

各地的"愚俗"

愚人节是一个以娱乐、玩笑和愚弄为主题的民间性节日，无假期也无相对固定的庆祝形式和内容，各国根据自己的传统形成了具有各自特色的习俗与文化。

四月的鱼——法国

法国人称 4 月 1 日被嘲弄的人为"四月的鱼"。愚人节又是如何与鱼有了关系的？4 月的鱼正在

愚人船　　　　包西[佛兰德斯]

孵卵期，行动变得迟缓，看上去呆头呆脑，如同"傻瓜"一样容易上钩。被愚弄的年轻人常被称为"小鱼"。久而久之，鱼就成了愚人节这天傻瓜的代名词，而在愚人节上当受骗的"四月傻瓜"也就被称为"四月鱼"了，因此，许多娱乐活动也都和鱼相关。法国人特别喜欢在这一天给朋友们寄送鱼形的礼物，经典的愚弄方式之一是偷偷将一条纸鱼贴在人的背后，当那人发现时众人大声叫喊："四月的鱼！"孩子们也会收到一些家长和老师发给的鱼形巧克力和其它鱼形奖品或礼物。水族馆的工作人员在愚人节这天会接听很多个寻找"费施"(fish)先生的电话。称愚人节的被愚弄者为"四月的鱼"的习俗现已在整个欧洲和美国流行。在中国人看来，由于两字同音，称"愚"为"鱼"也相当有趣。

狮子洗澡——英格兰

英格兰人和苏格兰人普遍庆祝愚人节大约始于 18 世纪初，最早的一则关于愚人节的报道出现在 1698 年 4 月 2 日。来自英格兰的一篇报道说："昨天人们聚集在伦敦塔动物园看狮子洗澡。"伦敦塔在 17 世纪又称"狮子塔"，它在当时既是监狱，又是蓄养动物的动物园。从此之后，人们经常在愚人节骗人说："到狮子塔看狮子洗澡。"

在英格兰，不同的地方对"四月傻瓜"也有不同的称呼。比如，在湖畔区人们称那些在愚人节被嘲弄的人为"noddy"，是指一种叫黑燕鸥的鸟，同时又有傻瓜之意，可谓一语双关。中部的柴郡则称其为"gob"或者"gobby"，"goby"是一种刺鳍鱼，由此衍生出的"goby-mouche"则指"轻易上当的人"，如此称

呼受骗者幽默而双关。

英格兰大部分地区愚人节的活动在中午12点前结束，下午或晚上的骗局或玩笑就会引来别人的不快。

四月布谷鸟——苏格兰

苏格兰称被愚之人为"gawk"，即"布谷鸟"，又有"呆呆发傻"之意。苏格兰用4月1日和2日两天的时间来庆祝愚人节，4月2日是"尾巴节"，因为这一天的玩笑和恶作剧只与身体的背部相关。比如在别人的背上偷偷贴一张纸条或者挂一个牌子，上面写着"kick me"，即"踢我一脚"。当他发现时大家则一起叫："四月布谷鸟！"传统的苏格兰愚人节骗局是哄人到某处做一件事——"傻瓜差事"。当被愚弄者信以为真，跑到指定地点时，就会发现那里早已放好了一块上写"再走一英里就可以打到布谷鸟了"的牌子，此时他才如梦初醒，大呼上当。愚弄别人的人也因此称为"打布谷鸟"的人。每当一个人上当受骗时，周围的孩子们都会一起喊"傻瓜布谷，傻瓜布谷"。如果有人识破了别人的骗局就可以说"布谷麻雀都在树上，两只布谷鸟都上当了"。

无辜者节——墨西哥、西班牙

墨西哥和西班牙的愚人节是在12月28

伯利恒的婴儿虐杀　　　　　　　　　　勃鲁盖尔[佛兰德斯]

日，而不在4月1日，他们又称愚人节是"无辜者节"。"无辜者节"本来是一个基督教的节日，它来源于《圣经·新约》"马太福音"的一段记载。在耶稣出生时，有几位东方来的博士带了许多黄金、乳香和没药来寻找和朝拜那将要作犹太人之王的耶稣。当时作犹太人王的希律听到消息后心中非常不安，就暗暗召了博士来，叫他们找到耶稣后立即回来向他汇报。但这几位博士没有听从希律王，朝见完耶稣就直接回到自己的地方去了。被愚弄的希律王恼羞成怒，下令杀死了伯利恒（耶稣的出生地，位于耶路撒冷南6英里的一个城镇）四周所有两岁以下的婴儿。后来，基督徒为了纪念被希律杀死的婴儿设立了"无辜者节"。但是这样一个严肃的宗教纪念日，如何演变成了后来说笑话和愚弄人的愚人节？则仍是无从考查。

"无辜者节"围绕的主题是"借东西给别人是愚蠢的行为"。这一天有许多人都会写信给朋友，说自

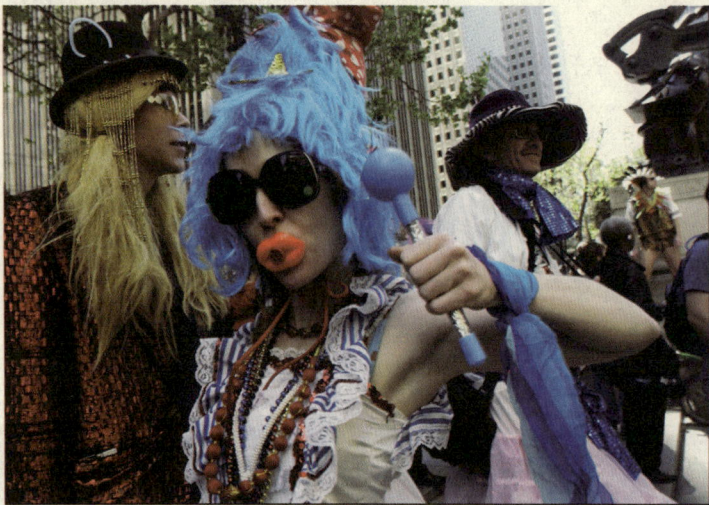

美国旧金山一年一度的愚人节化装游行。

已由于某些原因现在非常需要帮助，可能是借钱、工具或其他东西。有人若信以为真而借出了东西，玩笑者就会再寄送一些"无辜者节"的小礼物，以示提醒——今天是愚人节。同时也要写一张纸条，上写"你是只无辜的小鸽子/你应该记住今天的日子/借东西给别人是傻瓜"等。据说这一天若真从朋友那里借到了东西可以不还。

愚人联欢——美国

美国的愚人节习俗主要是由欧洲移民(主要是英国移民)带过去的，因此美国人采纳了大多数欧洲人庆祝愚人节的内容和方式，有许多习俗被直接借用。比如，称被愚弄者为"四月傻瓜"和"四月的鱼"等。但如今美国人似乎更热衷于在愚人节期间举行联欢会，这可以说是美国人对愚人节最有新意的发展。另外，美国人在设计骗局"愚弄"人方面非常投入和巧妙。但有时令人觉得无法理解，玩笑常常开过火，有违愚人节"无伤害的玩笑"的传统。

愚人娱乐

假装饰

"假"是愚人节装饰的主题，可以布置成新年或圣诞的气氛，客人来时再说声"新年好"或"圣诞快乐"等。愚人节传统的房间摆设是水仙花和雏菊，象征着春天的到来，给人春的气息，其他的布置则以"假"、"乱"和"倒"为主。比如插几束假花，摆一盘假水果，把表拨得过快或过慢，把气球贴在地板上等。制造新颖别致、轻松愉快的节日气氛，给人真假难辨、是非难分、样样都新奇、处处是陷阱之感。

鱼宴

愚人节传统的主食是鱼，煮、蒸、煎、炸、烧、烤，样样俱全。但是现在的人们将实实在在的鱼宴改成了愚弄人的"愚宴"——假宴。比如一道典型的愚人节菜品——"色拉"，撒满了绿胡椒的莴苣叶下面不是水果，而是牡蛎鸡尾酒；一盘"烤土豆"其实是甜面包屑和鲜蘑枯；药盒里装着糖果等。做假菜逐渐取代了传统的鱼宴，成了现代西方家庭庆祝愚人节的一项广受欢迎的活动之一。有人若以假当真则被称为"四月傻瓜"或"四月的鱼"。

无伤害的玩笑

愚人节最令人难忘的是被人愚弄或愚弄人,开个玩笑则是愚弄人常用的方法之一。例如朋友一见面,突然说:"Your shoe's untied!"(哎呀!你的鞋带没系。)对方低头一看,或许自己的鞋本来就没有鞋带,结果是双方开怀大笑。19世纪美国校园里流行的经典"谎言"是,老师在上课时突然把头转向窗外说:"看,一群鹅。"当学生问"在哪里"时,老师则用手指一下窗外的天空;学生也会传"明天不上课"之类的信息。孩子们的玩笑是放学回到家对父母说书包破了个洞,或说自己的手受了伤,当大人低头看时,他们就喊"四月傻瓜"。

傻瓜差事

设计让人做一次"傻瓜差事"也是一项愚人节传统的庆祝方式。大小孩对小小孩说:"去,给我买一个烟筛子来。"等到小小孩到了商店一问,才知道烟从来就不能用筛子筛。大人可以叫小孩子买一瓶"甜醋"或一份(根本不存在的)《亚当祖父的历史》等。其他传统的骗局有,用线将一个钱包拴好扔在大街上,自己拉好线的另一头藏起来。如果钱包被人拾起来,就用力猛拉一下绳子把钱包再拉过来。还可以把硬巾的一面涂上胶水贴在路面上,等着贪心的傻瓜来抠。

愚人电话

电话愚人是简便易行的愚人节玩笑。例如一位汽车销售商在这一天给很多客户打电话说:"某汽车销售店某款新车今天大降价……"客户们按照留下的地址去找时才发现,原来是当地的报废汽车处理中心,或快餐店、花店等。推销员和上门修理工也常常被电话所骗而跑错地方。由于"狮子"和"鱼"是愚人的代名词,这天许多人还会随便拨一些电话号码,并说一些类似"请莱昂(lion)先生接电话"或"我找费施(fish)先生"的话。被愚弄者也可能收到一张便条,上写"费施(或莱昂)先生有急事找你,请速回电",电话打过去——原来是鱼店、水族馆或动物园。

布假局

布假局是很好的娱乐,但需花些时间。比如可在愚人节前向人们发出请柬,邀请他们参加晚会,但把地点写到别人的家。如此,既可以愚弄客人,又可以愚弄"主人"。不过如果邀请的客人较多的话,布局者一定要做好开晚会的准备,到时候把一群在别人门口吵吵嚷嚷的"客人"拉过来就行了。

网络"愚民"

随着科技日益的发展,互联网已经成了最大的全球信息集散地,节日自然也成为网上生活的一部

各类"愚人""整人"已成为一种商机。

分。每年4月1日的愚人节,网上总是呈现出独特的"节日"气象。在这一天网上会推出愚人节专版,介绍这个节日的来源和各国愚人节的奇闻逸事,在新闻版的网站多报道当地的愚人节庆祝活动。但是由于这个节日的特殊性,很多网站虽然图文并茂,资料却不能信以为真。因为网站在真内容中间都要加入大量的假信息以愚弄他人,所以网上的愚人节和现实中的愚人节一样真假难辨。网络愚人节的特点主要体现在三个地方:电子邮件、聊天室、公告板(BBS)和网上拍卖行。

愚弄网民的电子邮件一般以传播假消息、假通知为主,内容多和电脑、网络及名人有关。保守一点的邮件往往只是笑话、可爱的图片、不可思议的故事、好玩的音乐或一些小道消息等。除此之外,愚人节的电子邮件中比较多的就是病毒警告,一个"病毒警告"在朋友熟人之间传来传去,谁也不知道最初来自哪里,多数人都是善意地发出邮件,但结果是一个假病毒搞得沸沸扬扬、鸡犬不宁。总之,一般都会给朋友带来快乐或轻松的感觉。

和电子邮件相比,聊天室和公告板的假消息多是"无的放矢",更能营造一种愚人节的气氛。这一天,聊天室里到处是"弥天大谎",流言四起,"鱼"网遍地。从身边的奇闻到最新的天文发现,从神话传说到名人逸事,信口开河地吹,痛痛快快地过"网络愚人"瘾。网上拍卖行在那天更是搞笑,把拍卖行"闹"得乌烟瘴气,比如部分愚弄人的参拍物品:肾一只:(最高价)570万美元;男朋友:(起价)20万美元。

媒体"骗局"

媒体是我们日常生活中接受信息的主要渠道,在多数人心目中,媒体在信息传播上有相当的权威性,拥有大量的读者和听众。因此,媒体参与愚人节极大地推广和传播了节日的文化与习俗。

媒体骗局具体发源于何时何地无法考证。不过已有不少17世纪的欧洲骗局一直流传至今,而到18、19世纪,在整个欧洲以及新兴的美国,媒体参与愚人节的骗局已司空见惯。例如,1864年春天,也就是美国南北战争的后期,北方胜利在望。纽约的两大报纸《纽约世界》和《商报》同时刊登了林肯总统的假宣言:"由于弗吉尼亚的形势、红河的灾难、查尔顿的延误和全国的形势,北方将再征兵40万。"许多人认为战争对北方不利,胜利无望。于是,纽约股市大幅度下滑,黄金的价格急剧上涨。其实,这则信息来源于一名叫约瑟夫·霍华德的编辑,让两大报纸的编辑和大量的读者都当上了"四月傻瓜",霍华德则因为预先买得大量的黄金而大发愚人之财。

1957年,英国BBC电视新闻节目播放了瑞士南部"通心面"(spaghetti,是意大利的特产)大丰收的景况,同时也对"通心面树"(spaghetti trees)和农民(spaghetti farmers)如何从树上收割"通心面"作了详细介绍,并说此树可以在家里栽种。此后引来许多市民打电话到电视台询问如何种植"通心面树"。他们得到的回答是:"在你家的土豆酱罐头里插一根通心面树枝,然后就等着吃面吧。"做了"四月傻瓜"的人们不但没感到伤害,反而久久对此津津乐道,这也许就是愚人节的真谛吧!1982年《字节杂志》的愚人节骗局声称市场上已经出现了5兆的硬盘驱动器,很多"四月傻瓜"打电话求购。这样的骗局在普遍使用1000兆硬盘的今天似乎不可思议,但在当时5兆已经是个神话了。1992年愚人节,圣地亚哥电台音乐频道的DJ宣称,市场上出现了一种新的仪器,它能将该频道的所有音乐转换成电视信息。不少听众打电话询问如何购买安装,却不知自己是被愚弄了。

随着经济的发展,愚人节的媒体骗局已经打上了商业化的烙印,其商业性主要体现在三个方面。一是各媒体在骗局设计方面竞争激烈,愚人节骗局中往往能够看出媒体市场竞争的影子。二是媒体与公司合作,各公司在媒体上刊载一些与本公司有关的骗局,以扩大公司的知名度,或者由媒体把公司设计到骗局当中。三是一些表面看上去"单纯的骗局"实际上也能够反映商业竞争的动态和人们的关注程度。有一个影响很大的广告骗局发生在1996年,4月1日的《纽约时报》刊登了一则整版的塔克钟公司(Taco Bell是美国一家大型快餐连锁店)的广告:"塔克钟购买了自由钟,为了帮助国家还清债务,塔克钟很高兴地宣布:我们已经同意买下国家最重要的遗产——自由钟。此后自由钟将改名为'Taco自由钟',并可供公众观赏。尽管有人对此有不同意见,我们还是希望其他公司也能够采取相同的行动,以帮助我们国家减轻债务。"塔克钟公司随即又召开了新闻发布会,进一步证实了这个消息。读者对这个消息反响强烈的程度,超出塔克钟公司的预料,无数美国民众打电话到费城国家历史公园,对出售国家遗产表示愤怒和谴责。塔克钟公司负责人透露说,这个愚人节骗局是公司所有宣传活动中最为有效的广告之一。

商者"钓鱼"

愚人节虽不能像圣诞节那样形成购物潮,但对于那些专门生产搞笑新产品的厂家、食品和玩具公司仍然是商机无限。他们都推出各式各样的以"笑"和"闹"为主题的愚弄产品。比如用橡胶或塑料做的假糖果和巧克力,还有假蛇、假蜘蛛、假蟑螂、假虫子等。由于西方人在接受别人礼物的时候,习惯和礼貌上都要当场打开,所以在愚人节若是送朋友一件特别的礼物则能收到很好的愚弄效果。如一支会喷水的钢笔(写字时会往人脸上喷水)、假照相机、假口红、越洗越黑的香皂、会跳舞的拐杖、会放屁的垫子以及假肢等。这些新产品在愚弄者与被愚弄者之间留下的是无穷的节日乐趣,而带给商人的则是滚滚财源。

4月第一个周日始　赛维亚圣周

赛维亚圣周的意义

赛维亚圣周从每年4月的第一个周日开始算起，为期一周。赛维亚圣周是西班牙人的节庆，是为了悼念耶稣受难和纪念圣母玛利亚丧子的悲痛而设立的纪念仪式。这种仪式的确定可追溯到16世纪，当时的罗马天主教会为了更好地向信徒传扬基督之死的事迹，以此激发他们信仰上的虔诚，就将基督受难的故事以历史剧的形式重演出来，并且演出都是在露天的情况下进行。这样的活动被西班牙人延续至今，它已逐渐成了他们最有名的节日庆典之一。无论从宗教信仰、节日仪式、音乐或游行都成了西班牙一种独特的文化现象。

抬轿大游行

在西班牙，赛维亚圣周的庆典以佛朗明哥

圣母哀子　　　　米开朗琪罗[意] 1500

城最为著名。举行节日庆典的人们中午从教堂出发，成千上万的民众扮成殉道者抬着神轿与雕像，在各条街道游行。雕像的主角是受难的耶稣，也包括从马卡雷纳圣母到与牛格斗而牺牲的圣者。这些塑像都是用上等丝袍与宝石装饰而成，形象逼真，惟妙惟肖，将整个庆典装扮得庄严而神圣。

参加游行的人们有善男信女，也有凡夫俗子，人们缓缓地通过古城里蜿蜒曲折的古道，行进大约8个小时。参加游行的塑像和神轿约有100多尊，代表着城里各个教区，纪念耶稣的受难和圣母玛利亚哀子伤痛。在圣周里若能被指定为抬轿子的人，则是荣耀之至，因为抬轿本身就被视为耶稣受难的象征。有些神轿的重量可达数吨。

耶稣受难
曼坦那[意] 1457－1460

佛朗明哥圣歌

当游行队伍暂停少憩之时,佛朗明哥圣歌则会随着而起。歌者唱着传统的 Cante Jond,歌声婉转而悠扬,词意深沉而感伤。许多人因它而感动落泪。鼓声和佛朗明哥圣歌一起穿插在队伍的游行之中,人们的情绪随着鼓声与歌声或激昂或悲痛。佛朗明哥圣歌,一代一代歌唱着西班牙人心灵深处对信仰的虔诚,也反映着西班牙人对苦难的深切同情。

4月30日 巫婆节

巫婆节的来源

巫婆节并不是一种异教仪式,也不是崇拜巫婆的节日。它是中欧人民很久以来一直承袭的一个古老的习俗——每逢冬春交替之际,人们以驱赶巫婆象征赶走寒冷的冬季。人们为了庆祝冬去春来就特别选定一个庆祝的节日——巫婆节,巫婆节的庆祝已有相当长久的历史。

巫婆节又叫瓦尔普尔加节。在中世纪初之前,瓦尔普尔加因精通医术与魔法,在日耳曼文化

奥古斯都和狄伯蒂诺的女巫   卡隆[法] 1521-1599

里被尊为妇女的保护神和魔法术的保护神。后来,由于受基督教的影响而有了深刻的变化。当时天主教传教士认为女人应该顺服男人,于是出现了贬低妇女的现象。并对妇女制定了许多禁忌,因此导致了过分丑化女人的巫婆形象。凡被视为巫婆的女人均受到了残酷的迫害,有的甚至被活活焚烧。后来,对"巫婆"的迫害结束了,但关于巫婆的传说流传了下来。今天,人们早已忘记了它本身的社会内容,而作为一种民俗,它继续演绎着中欧文化的内涵。

巫婆节的传说

在横跨德国东西的哈尔茨山区，流传着一个传说。5月1日原来被视为夏天的第一日，而夏天来临前的那个晚上——4月30日之夜，传说是巫婆和魔鬼聚集的日子。这天晚上，巫婆们有的骑着扫帚，有的踩着猫或山羊，从四面八方飞向哈尔茨山腹地那座荒芜的布洛肯山，与魔共舞。

巫婆节的习俗

焚巫送冬

在巫婆节这天，哈尔茨山区各地都要举行盛大的游行活动，参加游行的人们用各式各样的服饰装扮成巫婆，造形各异的"巫婆"们给整个游行队伍带来了别样的欢乐。游行队伍走过大街小巷之后，最终来到一处广场，举行驱冬仪式——焚烧巫婆肖像。当熊熊烈火将"巫婆"焚为灰烬时，滚滚白烟冲向天空，表示寒冷的冬天已被赶走，春天的脚步即将临近。

巫婆舞

从19世纪末开始，哈尔茨山区各地便在巫婆节上组织巫婆舞。当夜幕逐渐降临的时候，人们就开始了跳巫婆舞。参加跳舞的有"巫婆"，也有"骗子"、"乐手"、"龙"、"独角兽"和"人狼"等。他们跳着舞迎接魔鬼的到来。

午夜圣火

深夜时分，欢庆的人们点燃了圣火，用大鼓演奏出的震耳欲聋的魔鬼乐久久回荡在群山之中。在午夜焰火的照耀之下，"巫婆"们开始踏上归途。她们哆嗦着隐去，把哈尔茨山让给了夏天的女神——五月女神。

传统上，巫婆节之火意味着保护人们不受巫术的侵害。另外还有捆系在门上的十字架和木柴，以及鞭子的抽打声和教堂鸣响的钟声，这一切都象征着对巫术的抗拒。

化装成女巫的德国妇女。

5月第二个星期六　风车节

风车的故事

风车在荷兰随处可见，它的古朴典雅、优美高大给荷兰这个秀丽的国家增添了几分古香古色。荷兰也因故得了一个"风车之国"的雅号。

荷兰人在1229年发明了世界上第一架风车，人类也从此开始了风车的历史。荷兰是世界上海拔最低的国家之一，所以荷兰人自古就有排水、填海、围田、造地的历史，这一切都需要大量的动力来完成。而荷兰又正好处于风带要冲，风长年劲吹。因此，到13世纪，风车作为一种动力工具就应运而生。

风车的用处相当广泛，不仅可以排水灌溉，还可以磨大米、磨小麦、锯木、抽水、榨油和制烟等，风车也就越来越成了人们生活中不可或缺的动力工具。到了18世纪，风车在荷兰达到了鼎盛时期，全国共有风车大约18 000多座，荷兰人民正是用这些风车变沧海为良田，世世代代建设着自己美好的家园。

这是欧洲风车。它和牛车、马车都是农业文明的象征。它们的节奏悠缓，但无音，且富有诗意。

风车节的设立

也许正是因为风车在荷兰的建设史上立下过汗马功劳，荷兰人民才对它情有独钟，视风车为"功臣"和国宝，也把风车看成国家和民族的象征。目前，荷兰境内仍保存有900多座风车。为了让子子

孙孙都能记得住风车在历史上的丰功伟绩，以及祖先们的勤劳与智慧，荷兰人将每年五月的第二个星期六设立为"风车节"。

风车节的习俗

每到风车节，荷兰举国欢庆。首先，人们要将风车及其建筑物清扫干净，再用鲜艳的油漆涂染车身和车叶，把整个风车粉刷一新。风车上挂满国旗、花环或者太阳星辰的模型。到时全国的风车一齐启动，向游人显示往日勤劳的荷兰人用风车创造幸福生活的景观。

今天，在荷兰存有世界上最古老、最大风车群的地方是鹿特丹市东南几十公里远的肯德代克村，那里有19座17世纪遗留下来的风车。它们矗立在河岸两侧的古堤坝上，诉说着一个个古老的故事。每逢风车节，整个肯德代克村庄张灯结彩，喜气洋洋。村民们身穿17世纪的古服饰，载歌载舞。此时的风车也是披红挂绿，巨大的十字形风叶板徐徐转动，向来人表示欢迎与庆贺。身着古代部落族长服装的村民，站在一排风车模型前，向游客们重复着一个古老的风车节故事：当风车挂上彩条带时，表示将有一个小生命诞生，或者是会有一对新人举行新婚典礼；当风车静止不动，并且风叶板向后倾斜时，则预示着不幸的事发生了，表达哀悼；当风车的风叶板形成正十字形时，说明贵宾将至，表示热烈欢迎；当风车上挂满国旗、花环和彩旗时，就告诉人们这天是国家重要的纪念日或节日，表示庆祝。

辉煌的风车时代已经过去，古老的风车也已退出现代人的生活，只有这一年一度的荷兰风车节，依旧是这般热闹、欢腾，它向我们展示着古老的风情，并带给我们对那久远时代依稀的回忆。

5月第二个星期日 母亲节

孕育万物之神

维林多夫母神

人类对母亲的尊重和崇拜可以追溯到原始社会的旧石器时代。这可以从出土的"维林多夫母神"这尊雕像中反映出来。这尊雕像的特点是整体为球状的造型，有肥胖的腰、臀和胸部，这代表着原始人对生殖繁衍的渴望，强调女性有力量抚养后代，也可以抵御各种恶劣的环境。可以说，"维林多夫母神"是原始人对母亲的理想追求。

古 希腊、罗马的母亲女神

在古希腊、古罗马时期，人们开始偶像崇拜，而在诸多的偶像崇拜中，女神的形象是非常多的。他们崇拜女神的中心是母亲女神，因为在他们看来，地母是大地一切生命的源泉。所以，人们常在春季举行各种盛大的庆祝活动，来敬拜他们心中的地母女神。

西斯廷圣母　　　　　拉斐尔[意] 1514

其中有代表性的，是古希腊的女神瑞娅（拉丁文 Rhea）。传说瑞娅和天神克罗诺斯结婚，婚后生育了6个神。但她的丈夫克罗诺斯听说将来会有一个子女代替他的位置，于是他就在婴儿刚出世时，把他们吞入腹中。小儿子宙斯在母亲瑞娅的保护下逃过一劫。后来宙斯设法让克罗诺斯服下一种催吐药，将被吞的子女都吐出来了。瑞娅因她的多产和机智，被古希腊人尊称为众神之母。

西布莉女神（拉丁文 Cybele）在古代西亚小国里也备受尊崇。她又被称为"伊达之母"、"至尊之母"。她是掌管山林和动物、生命繁衍的地母。在古希腊、古罗马晚期，弗里吉亚的至尊之母西布莉常与瑞娅被合称为"西布莉—瑞娅"，受到人们的崇拜。在帝国时期，国家每年都要举行盛大的"伊达之母"游行庆典，因为她已成为城市和国家安泰的保护神。在第二次布匿战争期间，罗马人又将"至尊之母"西布莉引进罗马，并放在古罗马帕拉蒂尼山上的神庙里，举行"喜悦的庆典"。据说这个庆典活动每年3月中旬举行，持续3天之久，有各种各样的活动形式。因它有母亲节的庆祝意义，所以成为母亲节的来源。法国诗人兰波曾用优美的诗歌赞美了这位传说中的西布莉女神。

耶 稣之母

《圣经》中记载，上帝之子耶稣基督来到世界，是由童贞女玛利亚圣灵感孕所生。玛利亚因此被天主教奉为圣母。在基督教传入欧洲后，宗教活动逐渐取代了异教传统，圣母教堂取代了女神膜拜传统。之后，教会的仪式与母亲节的庆祝活动结合在一起，人们同时传达对教堂与母亲的感念之情。

欧洲的绘画和雕刻中，常常出现对圣母的刻画。在拉斐尔的油画《西斯廷圣母》中，描绘了圣母怀抱圣子飘然而至，并有圣灵的金光环绕在他们头上。拉斐尔描绘了玛利亚毅然决然地以牺牲自己的孩

子为代价，来拯救苦难中的人们，而她美丽的面孔却如此的庄严、平和。在安德列亚·索拉立奥(1470—1524)的《绿垫圣母子》(见67页)中，描绘了世俗的圣母形象，圣母乳养圣子的情景感人至深。年轻美丽的母亲脸上洋溢着幸福的微笑。小耶稣翘着小脚，享受着母亲的关爱。在这幅画中，人情、人性代替了神性，温馨的母子画面歌颂了人类朴实无华的母爱。可以说，在这个时期，人们对圣母的崇拜和对母亲的尊敬，通过艺术方式的有机结合表达了出来。

天使妈妈——母亲的传说

A Child's Angel

Erma Bombeck

Once upon a time, there was a child ready to be born.

He asked God:

"They tell me you are sending me to earth tomorrow but how am I going to live there being so small and helpless?"

God: "Among the many angels, I chose one especially for you. She will be waiting for you and will take care of you."

Child: "But tell me, here in Heaven, I don't do anything else but sing and smile, and that's enough for me to be happy. Will I be happy there?"

God: "Your angel will sing for you and will also smile for you every day.

You will feel your angel's love and be happy."

Child: "How am I going to be able to understand when people talk to me if I don't know the language that men talk?"

God: "Your angel will tell you the most beautiful and sweet words you will ever hear.

With much patience and care, your angel will teach you how to speak."

Child: "And what am I going to do when I want to talk to you?"

God: "Your angel will place your hands together and will teach you how to pray."

Child: "I've heard that on earth there are bad men. Who will protect me?"

God: "Your angel will defend you even if it means risking her own life."

Child: "But I will always be sad because I will not see you anymore."

God: "Your angel will always talk to you about me and will teach you the way to come back to me, even though I will always be next to you."

At that moment there was much peace in Heaven, but voices from earth could already be heard.

The child, in a hurry, asked softly:

"Oh God, if I am about to leave now, please tell me my angel's name."

God: "Your angel's name is of no importance.

You will call your angel ... Mommy."

天使妈妈

艾玛·巴姆贝克

在很久以前,有一个小孩快要出生了。

他问上帝:"他们告诉我,您准备明天送我到地上去,可是我如此之小,如何无助地在地上生活呢?"

上帝回答:"在众天使中,我选择了一个特别的天使,她将在地上等候你,并会照顾你。"

小孩说:"可是您还需要告诉我,在天上我只会唱歌与微笑,这令我何等地快乐,到了地上我还会快乐吗?"

上帝说:"你的天使会为你唱歌,并且会每天向你微笑,你一定会感到你的天使的爱,并且天天快乐。"

小孩说:"我不懂他们的语言,当他们与我讲话时我不明白怎么办?"

上帝说:"你的天使会随时讲最美最甜的话语给你听,在疼爱和关怀之下,她会教你如何说话。"

小孩说:"但是,当我想和您说话时怎么办?"

上帝说:"你的天使会把你的手放在一起教你祈祷。"

小孩说:"我听说在地上有许多坏人,谁来保护我呢?"

上帝说:"你的天使会不惜牺牲自己的生命,使你远离危险。"

小孩说:"但是我会很伤心的,因为我再也不能见到您了。"

上帝说:"你的天使将告诉你有关我的事,并且她会指导你一条回到我这里的道路,虽然我一直就护佑在你的身边。"

此时天上非常静,但地上的声音越来越大,几乎是清晰可辨。

小孩子急促不安地,又轻柔地问:"哦,上帝!我既然此时必须离去,请告诉我那位天使的名字。"

上帝说:"你的天使叫什么名字并不重要。但你将会叫她——妈妈!"

(耿卫忠 译)

61

历史上的母亲节

省亲星期日

"省亲星期日"是表达对母亲尊敬而来的节日。在中世纪的欧洲,穷人们由于生活所迫,常到富人家做帮佣和学徒。由于大多数人寄宿在雇主家中,不能与亲人同住。所以,到了春天,雇主们会让他们的佣人回家与母亲团聚。这一天就成为了省亲的日子,人们会带一些鲜花或蛋糕回家来表达对母亲的敬意。据说,这种蛋糕是一种特制的重油水果蛋糕,至今,在英国部分地区,人们还在省亲星期日吃这种"西姆乃(Simnel)"蛋糕,因此它也被称为母亲蛋糕(mothering cake)。省亲星期日的时间定在大斋节(Lent)的第4个星期日。在这一天的庆祝中,村里的牧师和人们会到本地最古老的教堂去举行一些欢庆活动,来庆祝母亲节的到来。

母亲节宣言

早期移民到美洲大陆时,省亲星期日被人们忽略了。直到19世纪末,朱莉亚·沃德·豪(Julia Ward Howe)重新提出母亲节的主张。当时正在进行"普法战争"(1870—1871),作为美国女权主义者的豪女士,感到了战争的残酷。于是她决定用"母亲"的方式来解决战争冲突。因为她觉得母亲是赋予生命的,她最能了解生命的价值,那何不让母亲来阻止生命的牺牲呢?所以,她急切地呼吁全世界的母亲来保卫她们含辛茹苦养育的生命。之后,她把母亲节当作美国一个献身和平的纪念日,并且在1870年写下了《母亲节宣言》。

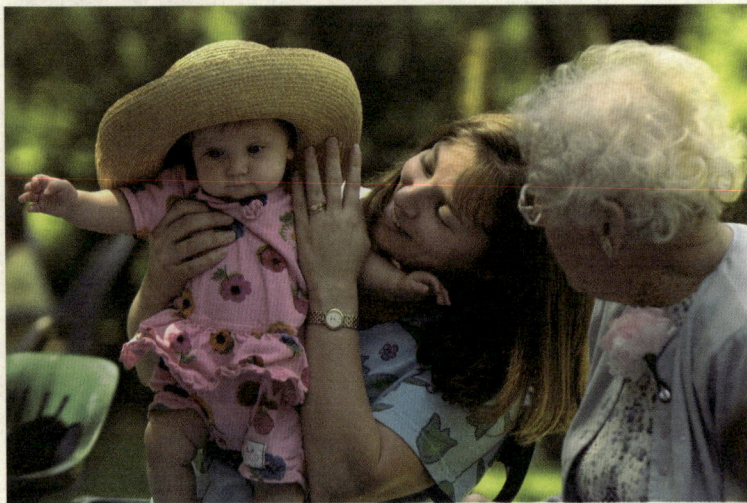

庆祝母亲节的祖孙三代。

母亲节的正式创立

南北战争时期,美国西弗吉尼亚州的一位女士贾维斯夫人(Mrs Jarvis)倡导了母亲节。贾维斯夫人养育了10个子女,她心地善良,极有同情心,并渴望帮助困苦的人。当时,战争使得小镇上的妇女失去了丈夫、亲人,陷入痛苦之中,她们对敌方军队中战士的家属也非常仇视。贾维斯夫人决心帮助她们来弥补内心的痛苦,她就常与镇上的妇女交谈,希望她们以爱来取代仇恨。她还建立了母亲联谊会组织,让南北地区的妇女用爱来取代对对方的仇恨。战争结束之后,南北母亲的联合奇迹般地让南北的男人们握手言和,使得人们的生活恢复了平静。之后,贾维斯夫人选择了一个日子作为全国性的纪念日来对南北方的母亲表示敬意。所以,这个日子对平凡的母亲是一个慰藉,也表达了子女对母亲的爱戴。

　　贾维斯夫人的美好愿望还没完全实现就去世了。她的女儿安娜·贾维斯继续实现她母亲的遗愿。为了能让国家规定出一天来纪念母亲的爱,她通过写信、游说来提议建立母亲节。美国作家马克·吐温写信支持安娜·贾维斯的创举。经过她坚持不懈的努力,母亲节首先在西弗吉尼亚州创立,并陆续在各州广泛地开展。1912年,她还创办了国际母亲节协会(The Mother's Day International Association)。1914年,美国总统威尔逊郑重宣布,把每年5月的第二个礼拜天,就是贾维斯夫人的生日,定为美国母亲节。这一天被称为"为了铭记世界上最好的母亲——你的母亲",用这一天来纪念贾维斯夫人为战争后的家庭团圆所做出的努力,并表达对母亲们的敬意和爱戴。这一天,全国放假,并在公共建筑物和私家住宅上悬挂国旗向母亲致意。

母亲节的意义

母亲节从创办开始就以和平和爱心作为它的宗旨,它同时也提醒母亲们要建立一个健康的家庭来养育下一代,在道德上母亲做好楷模和典范,培育出对国家、社会有益的人才。同时,女性作为社会的一员,她们的角色也是多元化的,女性也应该在社会的各个领域里发挥她们的作用,扮演好各种各样的角色,并能在自己的领域里享受平等的待遇。可见,母亲节的意义不仅尊重了母亲的地位,也让女性在社会上有了广阔的发展空间,女性的地位再一次得到了肯定。

表达你对母亲的爱

卡片

母亲节的确立,使得许多孩子都在这一天表达他们对母亲的敬意。在美国的5月,母亲节的贺卡几乎要销售一空,因为给母亲送节日卡片是孩子们表达对母亲之爱的方式之一。孩子们通常会在卡片上写上"母亲节快乐"、"我爱你,妈妈"之类的祝福,更有许多孩子会自己动手为母亲精心制作一张卡片,写上自己的心里话,还会画上一些可爱的卡通图片,表达孩子对母亲的感激之情。一张小小的卡片充满着母子之间的深情,更增加了母子间的情感,这是多么美好的表达啊!

鲜花

在母亲节送上一束鲜花也许是表达感情的最好语言。当母亲捧着孩子送的鲜花时,她们常常是激动不已。而在诸多的鲜花中,康乃馨成为了母亲节的象征之花。那么,为什么康乃馨会成为象征之花

呢？康乃馨是英文 carnation 的音译，因为康乃馨的花茎像竹节一样细长，所以中文名又叫香石竹。康乃馨原产于地中海，适宜凉爽和阳光充足的环境，在5、6月盛开，其颜色绚丽，形态优美，芳香宜人。它是意大利的国花，也是世界名花之一。"最好的母亲"——贾维斯夫人，她生前最喜欢的花就是康乃馨，由于她的贡献，康乃馨也就成为母亲节的代表了。据说，在1934年的母亲节时，发行了以康乃馨和慈祥的母亲为图形的邮票，于是，康乃馨也成为了节花，并在全世界流行开来。就这样，康乃馨便和母亲节结下了不解之缘。而且很有趣的是，佩带不同颜色的康乃馨代表着不同的意义：佩带红色的花表示佩带者的母亲还健在，佩带白色的花表示佩带者的母亲已去世。在教堂里，年纪最长的母亲、孩子最多的母亲和祖母会受到表彰，并得到一束美丽的鲜花。

我国古代，同样也有"母亲之花"——萱草花。萱草花是百合科植物，根茎肉质，叶片狭长，花呈橘黄色或橘色。孟郊的游子诗中写到："萱草生堂阶，游子行天涯。慈母依堂前，不见萱草花。"可见，萱草花成了母亲的代表，因而成为了中国母亲的"母亲之花"。

精 美礼品

随着社会的发展，商家在母亲节会出售令人眼花缭乱的精美礼品，供顾客们作为母亲节的礼物选购。在这个时候，你也可以选择一份礼品来送给你亲爱的母亲。你可以在珠宝店里选购一枚特制的"母亲戒指"；也可以选购一个上面有母亲节的画片和名片的工艺品盘子；或许你也可以买个纪念册，里面记录母子之间的故事和照片；香水、巧克力、冰淇淋，再加上一张卡片，同样也是不错的选择；如果母亲喜欢衣服，不妨给她买一条裙子；如果母亲喜欢料理家务，也可以买一件适用的小电器；如果母亲喜欢郊游，不妨全家进行一次旅行；如果母亲喜欢全家团聚，也可以准备一顿团圆饭。无论你送什么，选一样适合母亲心意的礼物是最好的。母亲其实并不在意你送什么，只要感觉到你的心意就心满意足了，让母亲感觉到她在你心中的地位是她最大的安慰。

打 电话

儿女们因为工作繁忙，常常不能在母亲节时与母亲团聚，打电话也成为了美国母亲节的一道风景线，远在他乡的孩子们，会给在家乡的母亲送一声问候。所以，在节日当天下午1点到5点，电话线路异常繁忙，几乎所有的电话都是打给母亲的，母亲在这一天接电话是最多的了。

欢 乐彩车

在美国的母亲节，大街上会举行丰富多彩的庆典活动，居民们常常会尽心设计各种各样的彩车，他们要

花好几个月的时间来设计,把车子打扮得五彩缤纷,并参加为期一周的"活动雕塑比赛大会"。比赛规则是:彩车以人力为动力,驾驶员的两脚不着地,在两小时内走完数英里的街道,所以,轻松有趣的场景让人开怀大笑。

评 选年度母亲

美国母亲协会还会举办母亲评选活动,选举出一位"年度母亲"。在美国现代社会中,母亲不再只是家庭主妇的角色,为了获得昂贵的生活费用,她们当中 3/4 的人会出去工作,而如何照管好自己的孩子便成为了一大难题,许多母亲不能在事业和家庭上取得平衡,而且美国现今的单亲家庭越来越多,使得许多母亲面临着经济和家庭的两大难题。美国每年一度的"年度母亲"评选,就是要评选出在家庭、事业上都有成就的母亲,并通过这样的评选,来鼓励母亲们的自立自爱的精神。这也是对母亲精神和地位上的肯定。

爱 心大餐

在母亲节时,儿女们常让母亲放一天的假,不让母亲下厨房,而是儿女们为母亲准备精美的菜肴。在妈妈还没起床时,子女们就把早餐准备好了,并在旁边放上一件小礼物,让清晨的母亲分外惊喜。在丰盛的晚餐上,准备母亲喜欢吃的食物,并准备些节目,拍一些照片,让小孩子也活跃起来,整个气氛充满温馨。据说,在美国,母亲节这天的餐饮业是全年最忙的,因为与母亲共享晚餐是最愉快的时光了。

全球母亲节巡礼

第一次世界大战后,母亲节传到了世界上许多国家,使得母亲节成为国际性的节日,在丹麦、芬兰、比利时、意大利、澳大利亚、土耳其、阿富汗等国家,都有过母亲节的传统。但世界各国庆祝母亲节的时间却不尽相同,比如挪威的母亲节在2月的第二个礼拜天,阿根廷的母亲节是在10月的第二个礼拜天,南非母亲节定于5月第一个礼拜天,非洲的马拉维是在10月,巴拿马是在12月。世界各国的母亲节时间不尽相同,其风格也各异。下面介绍几个欧美国家母亲节的风俗。

现代圣母像　　让·哈吾科斯[法] 1677-1734

英 国

英国原本有自己的母亲节——省亲母亲节。但在第二次世界大战时,美国的士兵将美国

的母亲节介绍到英国,他们常常以对待自己母亲的方式,来对待他们的英国养母。这一美好的方式渐渐被延续下来,使得英国人在以后的日子里也用庆祝母亲节来表达他们的爱。同时媒体广告一直宣传这是一个"不能忽视的日子",母亲节就更加受到重视。可见,英国的母亲很幸福,因为她们有两个不同的母亲节。

加拿大

在5月的第二个礼拜天,加拿大会举行优秀母亲评选活动,选出"标兵母亲"来作为全国妇女的学习楷模。在这天,加拿大的餐馆几乎爆满,因为子女们都让母亲从厨房中解放出来,尽情享受这方便又温馨的聚餐,这一天母亲在享受了口福的同时也享尽了家人团聚的幸福。

无原罪的孕身   什尔巴兰 1630

墨西哥

墨西哥的母亲节定于美国母亲节的前一天。街头的流行乐队是最有代表性的庆祝活动,人们从中午开始表演,通过音乐的演奏表达对母亲的感激。孩子们同样也不会忘记给母亲送上鲜花、卡片,并用这一整天庆祝这个特殊的日子。

法国

浪漫的法国把母亲节定为5月的最后一个礼拜天,这时的法国正好是鲜花盛开的时节。人们庆祝母亲节的方式通常像一个生日晚会,精美的玫瑰蛋糕当然是少不了的,全家上下欢聚一堂,为母亲点上精美的蜡烛,并献上对母亲最美好的祝福。这就是浪漫的法国母亲节。

瑞典

瑞典的母亲节是在5月的最后一个礼拜日。在节日前夕,瑞典红十字会组织义卖活动,出售一种塑料制花"母亲花",所得的款项将赞助许多养育孩子有困难的母亲。可见,瑞典的母亲节带有公益性的色彩。

西班牙

西班牙的母亲节为每年的12月8日。孩子们的活动是给母亲送白玫瑰,表达对母亲奉献的感激之情。他们也会向总统夫人献上鲜花,表达全国的孩子对她的致敬。此外,人们还会到教堂参加礼拜,表达对圣母玛利亚的崇拜。可见,西班牙的母亲节孩子们是从3个角度来表达对母亲的敬意的。

葡萄牙

葡萄牙的母亲节也在12月8日。他们也在教堂里纪念圣母玛利亚，并表达对母亲的敬爱。

解读母亲

称谓的内涵

英语中表述母亲的单词是"mother"，而分解这个单词，我们会发现蕴涵在里头关于母亲那丰富的爱。

M（many）：M-is for the many things she gave me　您给了我很多很多

O（old）：O-means only that she is growing old　养儿育女使您日渐苍老

T（tears）：T-is for the tears she shed to save me　您为了我不知流了多少流泪

H（heart）：H-is for her heart of purest gold　您的心灵金子般高贵

E（eyes）：E-is for her eyes, with love-light shining　您的眼睛闪着慈爱的光芒

R （right）：R-means right, and right she wants me to be　您公正无私还教给我是与非

"母亲"，一个看似普通的称谓，对于每一个"我"来说都是无价之宝！

发音的独特

"MAMA"，往往是婴孩自出生以来本能地说出的第一个字眼，而这个字眼对于不同种族、不同肤色的人却是通用的。它真是人类的嘴唇能发出的最甜美的字眼，也是世间最美好的呼唤！

母爱的伟大

"十月怀胎，一朝分娩"，也许只有做母亲的人才会明白那是一种什么样的感觉。当孩子渐渐地在肚子里长大，当身子一天天变得浮肿，当行动慢慢地有了不便，当彻夜难眠又怕压着孩子，当……这一切的辛酸，在孩子平安来到世间的那一刻似乎都算不了什么，而取

绿垫圣母子　　　　　　　　索拉立奥[意] 1470－1524

而代之的将是幸福的微笑以及母爱的呵护!

新的科学研究表明,母亲的关爱有助于孩子的智力发育,可以使他们长得更加聪明。因为母亲的呵护可以促进孩子的大脑神经发育,增强他们的理解力。所以有位神经学家说:"呵护与成长是不可分的,基因的成长总是受到环境的影响,而对于孩子成长来说,关键的因素就是母亲的关爱了。"

然而在孩子成长的过程中,在他们的眼里,母亲似乎总是扮演着唠叨的角色,她的世界总是那样的平淡,与之相随的也总是生活的琐碎以及说不完的唠叨。关心琐碎小事,细算收支,厨房的洗、切、烧、炒,哄孩子睡觉,扫地,买菜,缝补等似乎都是她干不完的任务。殊不知就是这样的一位母亲使我们没有忘记回家的路,并教会我们怎样拣菜、怎样扫地,也让我们成了别人眼中有教养的孩子,更带领我们立足于人生的每一精彩舞台。当我们逐渐懂得这一切时,她已满头白发,而我们的愧悔和感激也已无法换回她的青春!

从古到今,多数的母亲们就是这样做着幕后的功臣,付出鲜为人知的牺牲,而她们的儿女或许终其一生也未曾有机会来体会与反省。

伟大的母亲

居里夫人

居里夫人在研究中发现了镭,并以惊人的毅力经过数年艰苦工作把它提炼出来,为此她和丈夫一起获得了诺贝尔物理学奖。丈夫出车祸不幸去世后,她一边继续研究工作,一边独立抚养孩子。终于她又因在化学方面的卓越贡献,被授予诺贝尔化学奖。作为母亲,她或许在实验室工作的时间更长,而留给孩子们的时间更少,因此她越发珍视与孩子们相处的时间。她将自己正直的品格、对科学严谨的态度和献身事业的精神传给了孩子们。数年后,她的女儿也荣获诺贝尔奖。居里夫人创造了科学史上的奇迹,她不但自己两度获得诺贝尔奖,还培养了一个获得诺贝尔奖的科学家。

撒切尔夫人

撒切尔夫人担任英国首相8年,在任期间以铁腕作风著称。这样一位信仰坚定、行事果断、态度坚决的女人,对于儿女也自有母亲的柔情与牵挂。她的双胞胎儿女的出生使她感到巨大的轻松和幸福,同时也让她感到不安。当她在为自己的政治前途做准备、做努力、做决策的同时,她心中始终牵挂着她的孩子们。在孩子们年幼时她要他们待在家里,当孩子们稍大提出进寄宿学校时,她因担心而把他们送到离家不远的学校。一方面是为了方便处理紧急事件,另一方面只为了能经常带孩子们出来吃午饭。身为母亲的铁娘子,与天下母亲一样有着万般柔情。

特里萨修女

她是一位"贫困者之母",她的爱跨越了血缘、国家、种族。她把爱给了被遗弃的婴儿、饥饿的失业者、不幸的病人、战争受害者、濒死的老人……她一生远离祖国,她一生简朴清贫,她一生劳碌奔波。

爱德修道女之死   皮尔斯[美] 1850

她虽然一生未婚，但她是所有贫穷者、卑贱者的母亲。她的善良、她的博大的爱照亮、温暖了人类的心灵！

意大利黑母亲

一位名叫伊内斯的意大利妇女，看着昏迷不醒的女儿，陷入绝望。经过8天焦虑不安的守护，这天，她突然发现女儿睁开眼睛，并喃喃地叫着"妈妈"。她欣喜万分，竟昏倒在女儿的病床下，激动得突发心脏病身亡。

无名氏

有一位母亲，女儿患了严重的肾衰竭。当她得知换肾可以救女儿的性命时，立即向医生要求将自己的肾捐给女儿。只要能让女儿活下来，她是拼了性命什么都可以捐的。手术成功了，母亲的脸上露出了无限的满足。现代医学创造了无数生命的奇迹，而人类的母爱向我们展示了母亲身上蕴涵着的人性中的至善至美……

自然界动物的母亲

不仅人类的母爱深沉无私，自然界中的很多动物也会本能地表现出真挚的爱，令我们感动。比如：清晨，鸟妈妈会将储存在自己胃里的食物一口一口地喂给它的鸟宝贝们，并为它们唱一首动听的亲情之歌；而企鹅妈妈为了保温，会将产下的卵搁在脚上，使未出世的小宝宝免受冰冻之苦；熊妈妈和很多动物妈妈一样都会建造洞穴，为自己年幼的孩子挡风遮雨；猩猩和猫妈妈会定期为自己的孩子梳理皮毛，而且每次都需要很多时间；而红大马哈鱼，在前去产卵的途中它们身体的颜色会发生变化，这一变化会使得它们无法进食，可以说它们不惜生命的代价就是为了换取后代有机会生长；母海象也一样，为了刚出生的小海象，一个月下来它们的体重要减轻 1/3；还有，松鼠妈妈会冒着生命危险给小松鼠报警，使它们免遭捕猎。在这些动物妈妈的身上我们同样看到了至情至性的母爱。

写给母亲的话

格言

💠 记忆中的母亲啊！最心爱的恋人啊，您是我所有的欢乐，所有的情谊。（法国）

💠 在孩子的嘴上和心中，母亲就是上帝。（英国）

💠 母爱是人类情绪中最美丽的，因为这种情绪没有利禄之心掺杂其间。（法国）

💠 女人固然是脆弱的，但母亲却是坚强的。（法国）

💠 没有无私的、自我牺牲的母爱的帮助，孩子的心灵将是一片荒漠。（英国）

💠 世界上的一切光荣和骄傲都来自母亲。（高尔基）

💠 慈母的胳膊是慈爱构成的，孩子睡在里面怎能不甜？（雨果）

💠 母爱是一种巨大的火焰。（罗曼·罗兰）

💠 世界上有一种最美丽的声音，那便是母亲的呼唤。（但丁）

💠 全世界的母亲多么的相像！她们的心始终一样。每一个母亲都有一颗极为纯真的赤子之心。（惠特曼）

💠 我的母亲是我见过的最漂亮的女人。我所有的一切都归功于我的母亲。我一生中所有的成就都归功于我从她那儿得到的德、智、体的教育。（乔治·华盛顿）

💠 母亲的心是一个深潭，在它的最深处你总会得到宽恕。（巴尔扎克）

💠 母亲的谆谆教诲使我逐渐养成了一种胸怀，对那些言行荒谬可笑的人，我也不在大庭广众之下言辞激烈地指明攻击。当然，在私下场合，面对其人还是直言不讳，坚持真理。（艾森豪威尔）

诗歌

MY MOTHER   我的妈妈

My Mother ,my friend so dear throughout my life,   妈妈，我生命中最亲密的朋友，
you are always near.   您始终伴我身边。
A tender smile to guide my way,   您甜蜜的微笑引导我成长的道路，
you are the sunshine to light my day.   您殷切的关爱是我每天灿烂的阳光。

（耿卫忠　译）

宣言

按照惯例，历届美国总统会在母亲节这天发表一篇内容相同的宣言，表达对全体美国母亲的热爱。下文是克林顿总统在1996年发表的母亲节宣言。

White House Press Release
Mother's Day, 1996
The White House
Office of the Press Secretary

A Proclamation

America's mothers hold a special place in our hearts, providing the lessons and care that have enabled generations of children to embrace the opportunities of this great land. They embody the compassion, devotion, and energy that have always defined out national character, and their daily efforts anchor our country's commitment to the fundamental values of respect and tolerance.

Mothers impart both the strength that enables us to face our challenges and the love that comforts and sustains us.

As we honor our Nation's mothers for past and present accomplishments, we recognize the mothers' roles have changed significantly in recent years. Today, mothers are CEOs and teachers, physicians and nurses, elected officials and PTA presidents, police officers and volunteers, homemakers and heads of households. Many serve on the front lines of the struggle against violence and poverty. These women—problem-solvers, caregivers, and teachers—are using their talents in every sector of our society, helping all Americans to look forward with hope and faith in the future.

Mother's Day has long been a welcome opportunity to celebrate mother-hood and to remember our mothers——whether biological, foster, or adoptive. To reflect on all we have gained from our mothers' guidance and to remember their sacrifices, the Congress, by a joint resolution approved May 8, 1914 (38 Stat. 770), has designated the second Sunday in May each year as "Mother's Day" and requested the President to call for its appropriate observance.

Now, Therefore, I, William J. Clinton, President of the United States of America, do hereby proclaim May 12, 1996, as Mother's Day. I urge all Americans to express their gratitude for the many contributions, activities, and programs.

In Witness Whereof, I have hereunto set my hand this seventh day of May, in the year of our Lord nineteen hundred and ninety-six, and of the Independence of the United States of America the two hundred and twentieth.

白宫新闻稿

母亲节，1996

白宫

新闻办公室

宣　言

　　母亲在我们人民心目中有着特殊的地位，她们照顾和教育一代又一代的孩子们，使她们有幸生活在这片伟大的土地上，她们是怜悯、奉献和力量的化身，这些正是我们的民族性格所在。她们每一天的努力都体现着我们国家的根本价值观：尊重和宽容。母亲给我们力量，使我们能面对挑战；母亲给我们爱，使我们感到安慰并继续前进。

　　当我们在为母亲们过去和现在的成就感到光荣的时候，我们认识到母亲的角色在近年来发生了巨大变化。今天，母亲是首席执行官、教师、医生、护士、民选官员、家庭教师协会会长、警官、志愿者、主妇以及家长。许多母亲奋斗在反对暴力和贫困的前线。在社会的每一个领域，这些妇女——无论是解放者、关心别人者，还是教师——正在运用她们的智慧帮助美国人民带着希望和信念迎接未来。

　　母亲节长期以来受到人们的欢迎，它给人们提供了一个机会来赞美我们的母亲，并铭记生我养我的母亲。为了感谢母亲对我们的教导，并铭记她们所做的牺牲，根据1914年5月8日通过的上下两院的共同决议案(38 Stat. 770)，国会指定每年五月的第二个星期日为"母亲节"，并要求总统对其举行适当的庆祝。

　　因此，现在，我，威廉·J.克林顿，美利坚合众国的总统，在此发布1996年5月12日母亲节宣言。我号召所有的美国人对我们的母亲所做的众多贡献表达我们的感激之情，并以适当的仪式、活动或节目庆祝这一天。

　　兹证明，在这个光荣的1996年5月7日，在美国独立220年后的今天，我发布此宣言。

5月第二个星期日　抛猫节

　　每年5月份的第二个星期日，居住在比利时的西弗兰德省伊普尔镇的人们都要欢度传统的抛猫节。

　　抛猫是一项独特而有趣的庆祝活动，它的来源可以追溯到中世纪。在中世纪，猫被人们视为扰乱安宁、引起烦躁甚至是导致某种宗教牺牲的不祥之物，所以遭到大量的捕

杀。起初，人们向空中抛猫是为了庆祝耶稣升天节(Ascension,复活节后第40天)仪式的结束。但自从1231年之后，人们在节日里登上钟楼向下抛猫，具有了商业性的意义：祝贺经商顺利，生意兴隆。后来，随着时间的推移，节日的习俗也有了一些变化。抛猫游戏逐渐在其他场合也被应用，有人身穿红装，从口袋里抓出一些活猫，一只接一只地抛向人群。后来，人们不忍心再抛活猫，就用人工制作的长毛绒猫代替活猫抛来抛去。如今，抛猫的传统习俗演变成了猫节化装游行会，成了当地一种主要的娱乐与文体活动。

每到抛猫节，关于猫的传说必然又是另一主要内容，为抛猫节的活动增添了不少的文化内涵。抛猫的人往往是一位身着奇装异服、丑态百出的男子，他在9位年轻侍从的陪同下登上钟楼的顶层，抛下许多制作精美的长毛绒猫。居民们则戴着猫的假面具，随彩车歌舞，招摇过市，热闹非凡。

5月15日　郁金香花节

花中皇后　郁金香花"像包着头巾的伊斯兰少女一样美丽"，它以其花形饱满、色彩艳丽、形态奇异、雍容华贵而誉冠群芳。郁金香因此也被冠以"花中皇后"之称，成了美好、庄严、华贵和成功的象征。

荷兰的"郁金香女王"　荷兰的郁金香可以说是全球闻名，其中哥根霍夫公园的郁金香花展更是盛名远扬。每逢暮春，阳光下盛开的郁金香婼紫嫣红，随风摇曳，绚丽多姿。为了庆祝郁金香的季节，荷兰人民将最接近5月15日的那个星期三定为郁金香花节。在节日里，人们用色彩各异的鲜花扎成各式各样的游行花车，车上坐着的百花仙子就是节日的主角——郁金香女王。过节的人们头戴花环，挥舞花束，簇拥着花车，赞美着"郁金香女王"。当浩浩荡荡的游行人群穿过街市时，远远望去，如同鲜花的彩河。

渥太华的郁金香花节

目前世界上举行郁金香花节的地方除了荷兰的哥根霍夫公园，还有英国的林肯郡和美国的密执安州。然而最具规模和出名的当推加拿大的渥太华。

　　这个节日是为了纪念在第二次世界大战期间荷兰女王在此流放的日子,那是一段值得纪念的历史和一个感人的故事。在第二次世界大战期间,荷兰女王避战来到加拿大的渥太华,而女王当时正好身怀六甲。按照荷兰皇室的规定,皇室的继承人必须诞生在自己的领土之上将来才能继承王位。为了解决这一难题,加拿大政府宣布,女王生产的医院的所在地当天归属荷兰。战争结束后,女王为了表示对加拿大人民的感谢,就空运了10万株郁金香给渥太华作为礼物。如此,郁金香不仅表达了荷兰对渥太华的感谢,也代表着两国的友好情谊。

　　每年5月中旬,加拿大的渥太华都会庆祝郁金香花节。届时,正是郁金香花盛开的季节,优雅而迷人的五颜六色的郁金香花迎风开放,把整个渥太华装点得五彩缤纷。郁金香花节的庆祝主要是在国会公园进行的,公园里种植有50多万株郁金香。节日期间的庆祝活动包括里多河上的郁金香花船游行、春季音乐会、嘉年华之夜、国际郁金香村和专为儿童准备的各种节目。

玫瑰——保加利亚的国花

　　玫瑰为保加利亚的国花,享有"花中之花"的美誉,保加利亚也因此以"玫瑰之邦"闻名海内外。保加利亚人将6月的第一个星期日定为一年一度的"玫瑰节",节日里种植玫瑰的花农们将会举行具有民族特色的盛大的传统庆祝活动,共同祝贺玫瑰花的丰收。

玫瑰谷

　　在保加利亚境内巴尔干山南麓有一条100公里的狭长地带——最适宜种植玫瑰的卡赞利克和卡尔洛伏山谷。按照传统的习惯,这里每年都要举行盛大的群众性庆祝活动,祝贺玫瑰花丰收。

玫瑰姑娘

　　在节日的当天,身着盛装的人们从四面八方拥向"玫瑰谷"。习惯上总会有国家领导人出席节日的庆祝仪式。领导人登上主席台时,会有一个个美丽的"玫瑰姑娘"向来自远方的客人们赠献花环,表示热烈的欢迎。按照传统,"玫瑰姑娘"还要向人群抛撒玫瑰花瓣,以此揭开节日庆祝的序幕。紧接着出现的是一架直升飞机,它被视为一只吉祥的"神鹰",在人们汇集的广场上空盘旋,洒下香水,撒落玫瑰花瓣。飘飘洒洒的花瓣如天女散花般夹杂着芳香撒向人群,让人如置仙境。人们分享着玫瑰花的芬芳与节日的快乐。在人们的欢呼声中,"神鹰"缓缓降下,一个化装的"玫瑰商人"肩搭布袋,走出机舱。他代表着保加利亚人民的使者,不断向人们招手,表示节日的祝

贺，也示意他将把保加利亚的玫瑰油输送到世界各地，并传诵保加利亚人民的勤劳和荣誉。接下来出场的则是一群头戴假面具、身穿奇装异服、腰系许多铜铃的"老人"和"玫瑰姑娘"，他们排成两排跳着舞蹈走进会场，欢快的舞步、奇特的舞姿，和着清脆的铃声，象征着花农们驱赶邪恶的企望，以及表达祈祷上帝保佑玫瑰丰收的愿望。

化装舞蹈结束之后，一群身穿民族服装的"玫瑰姑娘"手捧装满玫瑰花瓣的篮子出现在广场上，开始民族歌舞的表演。花农们用动听的民歌和优美的舞步述说着玫瑰花丰收的喜悦。庆祝临近结束时便奏起"霍罗舞"曲，客人们被邀请一起进入舞池。此时欣喜若狂的花农赶着马车，在欢乐的乐曲中，拉着一群华装艳丽的姑娘们进入玫瑰花园"采摘玫瑰"。玫瑰花节的庆祝就这样在姑娘们的欢笑声中结束了。这样的玫瑰节活动，在节日后的一周左右，都会在"玫瑰谷"各村镇依次进行。

6月21日~24日间的一天　仲夏节／圣约翰节

仲夏节在欧洲

仲夏即夏至，是一年中日照最长的一天。在欧洲，夏天代表了旺盛的生命力、热闹的户外活动和精彩的节庆时刻，因此，欧洲普遍有欢度仲夏节的习俗。仲夏节是人们狂欢的日子，和中国的春节一样热闹。

罗马尼亚

在南欧，仲夏节是罗马尼亚的新年，一般在6月21或22日。选择此日为新年跟罗马尼亚的宗教大有关系。罗马尼亚人信仰谷物女神色列斯，认为色列斯每年会定期在这一天来到罗马尼亚，给他们带来树木、花草和农作物，并教导他们如何耕种和收获。这一天对于古人来说当然至关重要，因为相传古罗马尼亚曾有大旱，正当百姓绝望之时，谷物女神色列斯在夏至那天给他们带来了希望。幸福的生活从那一天开始了，人们就把那一天定为新年。虽然后来罗马尼亚人信仰天

谷物女神、酒神、维纳斯与爱神
科尔内利·波埃布戈　1586/1595-1667

主教、基督新教、东正教和伊斯兰教等,但这个节日却一直延续至今。

在仲夏节那一天,罗马尼亚人都会穿上整洁的民族传统服装,男女老幼都会去街道或广场游行。游行队伍最前面是由少女装扮的"色列斯女神",她们头戴由蓬子菜花编成的花冠,黄色的花冠、鲜艳的披巾和传统民族服装使少女们显得格外耀眼。她们将绕广场一周,然后向田野走去,此时的田野正是金黄一片,因为麦子和蓬子花都已成熟。所有的人都会奔走相告:"收获的日子已经到了!"蓬子花象征着一年的丰收。接着人们会摘下蓬子花编成花球,或扔在房顶上,或挂在树梢头,表达丰收的喜悦和企盼来年的幸福。

西班牙

西班牙的仲夏节起源于古罗马时代,后又受到基督教的影响演变成浸信会教友圣约翰的宗教节日,每年在圣约翰节前夕——6月23日举行。节日期间一样举行狂欢庆祝活动,而篝火是其中主要的节目。巴塞罗那地区的庆祝会上要举行盛大的篝火晚会,并燃放烟花;在索利亚省,狂欢的人们赤脚走过炭火,用来表示庆祝。西班牙境内的篝火经常是彻夜燃烧的。人们将废弃的东西和家具都扔进火堆里,使篝火烧得更旺。篝火边的通宵舞会是不能少的,舞会上还供应各种美食,其中有特别的"柯卡"蛋糕和卡瓦酒,让人们在仲夏节的狂欢夜尽兴狂欢。

施洗约翰   拉斐尔[意] 1517

瑞典

在北欧的瑞典,仲夏节是在每年的6月24日举行。此时的北欧昼夜不分明,人们可以看到神奇迷人的北极光。仲夏节这一天昼长夜短,太阳高悬天空要到午夜时才下山,不多久又升起来了,形成了白夜的景象,这使仲夏节显得很特别。在仲夏节上午,人们纷纷把自己家的房子、汽车和教堂、学校等用鲜花和桦树枝点缀起来,还在村镇的广场或运动场上竖起一根"五月柱"。人们伴着民族音乐围绕在"五月柱"四周做游戏,载歌载舞直到天亮。有的地方还在海边和湖边点燃篝火,在篝火边狂欢庆祝,表示人们从寒冷而漫长的冬季解放出来。瑞典人在仲夏节还吃特别的腌鲱鱼和新土豆,最后一道菜往往是从园子里新摘的草莓;就着伏特加人们放开歌喉,庆祝新一年的到来。

仲夏节篝火

仲夏节前夕或仲夏节那天,在整个欧洲最普遍举行的一种庆祝方式就是篝火。用圣约翰洗礼者的名字称呼仲夏节,多少使这个节日带有一点基督教的色彩,但是,我们不能怀疑,因为这个节日在公

元纪年之前很久就已经有了。夏至或仲夏节是太阳历程中的一个大转折点,这时太阳在天空中一天比一天爬得高,接着就停顿下来,又顺原路折下天程。对此,原始人一开始注意并思考这巨大火光的球体行经天穹的现象时,不可能不焦急地予以注视。他们还没有认识到,面对自然的巨大循环转变自己是无能为力的,他们可能以为在太阳似乎要下落时他们能够帮助它——能够支持太阳不稳的步伐,用他们软弱的手重新点燃这个红红的快要熄灭了的火焰。欧洲农民的仲夏节也许就是产生于这类想法。不管它的起源如何,它曾经在地球上的这一部分地区广为流行,从西边的爱尔兰到东边的俄罗斯,从北边的挪威、瑞典到南边的西班牙、希腊。据中世纪的一位作者说,仲夏节的三大特点是篝火、田间的火炬游行和滚轮子的风俗。他告诉我们,男孩子烧各种骨头和垃圾,造出一种味道难闻的烟火,这种烟火能够驱赶某些可恶的恶龙,它们受盛夏酷暑的刺激在空中交配,滴下精液,污染了江河井水。这位作家解释滚轮子风俗的意思是表示太阳现在已经转到黄道的最高点,从此就要开始下落了。

仲夏篝火节的主要特点与我们前面所说的春季的篝火节非常相似,明显地表现在下面的几个例子里。

德国

16世纪上半叶一位作者告诉我们,几乎德国的每一个乡村镇市,在圣约翰节前夕都会点燃篝火,男女老少都聚在篝火周围,唱歌跳舞庆此佳节。人们都戴着用艾和马鞭草编的花环,手里拿着燕草并隔着燕草注视篝火,认为这样会保护他们的眼睛整年健康。离开的时候,每人都把艾和马鞭草扔到火里,说道:"但愿我的一切厄运都离去,跟这些火一起烧掉。"

丹麦和挪威

圣约翰节前夕,路上、空地上、山上也都点燃仲夏篝火。挪威人认为

圣乔治斗恶龙　　丁多列托[意]

火能驱除牛群的疾病。据说仲夏节的头天晚上,整个挪威境内全都点燃篝火。点火是为了驱除巫婆。据说那天晚上,她们从各地飞向布洛克斯泊格,大巫婆就住在那里。

瑞典

圣约翰(圣汉斯)节前夕是全年最快乐的一个晚上。瑞典有些地方,特别是在波胡斯、斯堪尼亚两省,以及与挪威接壤的地区,为庆祝这个节日,人们常常放枪,并于黄昏时在山上和高地燃起称为巴尔德尔篝火(Balder's Balar)的火堆,把四周的景色照得一片光亮。人们围着篝火跳舞,从火上或从火中跳

过。在诺兰的某些地方,圣约翰节前夕,人们就在十字路口点燃篝火,用几种不同的木头做燃料,观看者往火焰里扔一种毒菌,为的是抵消特罗尔和其他妖精的魔力,人们认为那天晚上它们都会出来;因为在这个神秘的时刻,山都开了,这些可怕的家伙会从丛山的深洞里出来跳舞,娱乐一段时间。农民认为附近如果有特罗尔,他们就会现形。如果此时有一个动物,公山羊或母山羊在熊熊的噼噼啪啪的火堆附近出现,农民坚信这正是恶魔现身。还有,值得注意的是,在瑞典,圣约翰节的前一天是火节,也是水节,因为人们认为那时某些圣泉具有奇异的治病功效,许多病人都到那里去治病。

奥地利

仲夏的风俗与德国相似。如在蒂罗尔的某些地方,人们习惯点篝火,向空中扔火饼。在蒂罗尔的路特村,人们相信亚麻会长得像他们能跳过仲夏篝火那么高,他们会从火里取几块木炭拌在自家的亚麻田里,一直把它们保存到亚麻收割之后。在莱茵河河谷下游,仲夏节时,人们把一个穿得破破烂烂的偶像装在车子里满村走,然后烧掉,这个偶像叫做洛特,后来误传为路德。人们说,如果你在圣约翰节的晚上11点至12点之间从村里走过,在三个井里洗身子,你就会看见未来一年中所有要死亡的人。在格拉兹,圣约翰节的前一天(6月23日),人们常常做一个叫做塔特曼(Tatermann)的偶像,把它拖到篝火旁,用正在燃烧的长扫把打它,直到它也着了火。在下奥地利,人们在高地上点燃篝火,男孩子围着火跳,摇着在漆里浸过的燃烧着的火把;并且认为谁从火上跳过三次,在那一年里,谁就不会发高烧。人们常常把漆涂在车轮上,点燃后让它冒着火滚下山腰去。

波希米亚

在波希米亚全境,至今还在仲夏节前夕点燃篝火。到了那天下午,男孩子们推着手推车挨家收集柴禾,年轻人则砍一棵又高又直的枞树,立在一片高地上,女孩们给它装点上彩球、叶圈、红色绸带。然后把柴禾堆在它周围,等到天黑时,全都点燃。冒出火苗后,年轻人爬到树上,取下女孩们放在上面的花圈。然后,男孩们和女孩们面对面地站在火的两侧,通过花圈,彼此观看,看彼此谁是真心,谁在年内结婚。女孩们还把花圈通过火焰扔给男孩子,如果他没有接住他爱人扔来的花圈,这个笨小伙子就该倒霉。火熄下去的时候,每一对男孩和女孩都牵起手,从火上跳三次。从

波希米亚人　　　　　　　　特尼尔斯·达维特 1610—1690

79

火上跳过去的男孩和女孩都不会得疟疾,年轻人跳多高,亚麻就长多高。哪个女孩在仲夏节前夕见到九堆篝火,年底前她就会结婚。被火烤焦了的花圈要小心地保存到年底;日后遇到大雷雨时,就在这烤焦的花圈上扯一点花枝下来放进灶里烧掉,同时作祷告;并拿一部分给生病或怀孕的牛,有一部分用以熏屋子和牛棚,使人畜都健壮。有时把一个旧车轮涂上树脂,点燃了滚下山去。男孩们常常把他们能找到的所有的旧扫把都收集起来,蘸上漆,点着火,高高地扔到空中。他们有时排着队,跑下山坡,摇着燃烧着的扫帚,大喊大叫。扫帚头和灰烬都保存起来,插在白菜园子里保护白菜,不受毛虫、蚊蚋的侵害。有些人把仲夏篝火里的炭棍和灰烬埋在自家播了种的田里和草地上,埋在菜园里,放在屋顶上,作为一种护符,避免雷打或坏天气,他们认为放在屋顶的灰烬可以防止房屋发生火灾。有些地方燃起仲夏篝火的时候,人们把艾放在头上或缠在腰上,认为这会防鬼、防巫婆、防疾病,艾圈尤其是防止眼病的可靠护符。有时候,女孩从野花编的花圈里看火,希求火使她们的眼睛和眼睑健康。看三遍的人,就会全年不害眼病。波希米亚有些地方的人赶着牛从仲夏篝火中走过,以保护它们不受巫术侵害。

俄罗斯

斯拉夫民族的国家里,也用同样的仪式举行仲夏篝火晚会。在俄罗斯,青年男女在圣约翰节前夕成对地跳过火堆,手臂里抱着草扎的库帕洛偶像。有些地方烧掉库帕洛偶像,或在圣约翰节晚上把它扔到河里去。俄罗斯有些地方,年轻人戴着花冠,围着用圣草编的带子,从烟火里跳过去;有时也赶着牲口从火中跑过去,为的是保护动物,防御巫师和巫婆(这时节的巫师和巫婆特别贪吃牛奶)。

普鲁士和立陶宛

在普鲁士和立陶宛的许多地方,仲夏节前夕都点燃大堆篝火,一眼望去,所有的高地都火光熊熊。据说,这些篝火是防御巫法、雷电、冰雹和牲口疾病的,第二天早上把牛群赶过烧过火的地方,尤其有效。篝火堆特别能保护农民,防御巫婆巫术。巫婆总想要施法念咒,偷乳牛的奶汁。所以,第二天早上,你可以看见点火堆的年轻人挨家

归途 罗贝鲁 1827

收一罐罐的牛奶。为了同样的原因，他们将粟刺或其艾草插在乳牛去草地时要经过的门或篱笆上，认为这会防避巫法。东普鲁士的马苏仁地区，住着一支波兰族人，他们在仲夏节的晚上，有一个全村熄火的风俗。熄火以后在地上钉一个木桩，桩上装一个轮子，像装在车轴上一样。村人轮流快速地推着这个轮子，直到摩擦生出火来，每个人都从新火上点一个火把拿回家去，点燃家中炉灶的火。

一名爱尔兰人在火节上跳跃篝火。这一节日起源于古波斯。节日期间，年轻人会聚集在一起燃篝火，放烟花，庆祝节日。

匈牙利

在匈牙利的马扎尔人中，仲夏篝火节具有欧洲许多地方同样的特点。仲夏节前夕，许多地方都有这样的风俗：在高地上点起篝火，从火上跳过去，从青年人跳过火的姿势里，旁观者可以看出他们是否马上要结婚了。在这一天，匈牙利的许多牧人也裹着大麻的木轴转动轮子取火，赶着猪从火上跑过去，以保护它们不生病。

爱沙尼亚

俄罗斯的爱沙尼亚人跟马扎尔人一样也用一般的方式庆祝夏至。他们认为圣约翰篝火能保护牲口不受巫婆侵害，他们说，谁如果不参加圣约翰节篝火，他地里的大麦就将满是荆棘，他的燕麦将满是野草。在爱沙尼亚的厄泽尔岛上，人们一面向仲夏篝火里扔柴禾，一面喊道："野草扔到火里，亚麻长到田里。"或者是扔三根木柴到火里，说道："亚麻往高长！"人们还从篝火堆里取出炭枝带回家保存起来，好让牲口兴旺。岛上有些地方围着一棵树架起柴禾和其他可燃的东西，树顶上竖一面旗子。谁能在旗子着火以前用竿子把它钩下来，谁就会走好运。过去，篝火会一直持续到天亮，才结束。

从东欧到西欧，我们至今仍能发现纪念夏至的仪式大体上是相同的。

法国

直到19世纪中叶左右，仲夏节点燃篝火的风俗在法国还很流行。当时，法国几乎没有一个市镇、一个村庄不点燃篝火。人们围着篝火跳舞，从火堆上跳过，从火里取出炭枝拿回家以保护家室，防御雷电、火灾和魔法。

比利时

在比利时，大城市中早就不时兴仲夏篝火的风俗了，但在农村和小集镇上仍然还有。在这个国家里，人们在圣彼得节的前夕，点火跳舞庆祝，正如那些纪念圣约翰节前夕的国家一样。有人说，圣彼

得节的篝火和圣约翰节的篝火
一样，都是为了驱逐飞龙
的。在比利时，人们从仲夏篝
火上跳过，防止腹痛；把灰烬
存在家里，防止火灾。

英国

英国也有许多地方遵
行仲夏篝火的风俗，人们也是
围着火跳舞，从火上跳过去。
在威尔士，细心保存上次仲夏
节中用过的三种或九种木材
和木炭，对于下次的点火是必

村庄节日   托马·凡·阿普索万 1622-1664/1665

可不少的。篝火通常总是在高地上。在格拉摩根山谷，人们常常将草包着的车辆点着滚下山坡，如果车
轮滚下山坡一直不灭，并且继续烧很长一段时间，那就预示着丰收有望。马恩岛上的人在仲夏节前夕
总是在地里的上风处点燃篝火，让火烟吹过庄稼；他们还把牛群围起来，拿着燃烧的金雀花围着牛群
走几遍。在北爱尔兰，人们把牛群，特别是不生育的牛群赶着从仲夏篝火中走过，把灰撒在地里肥田，
或是把火炭放在田里以防虫害。苏格兰没有多少仲夏篝火的迹象，但在这时，帕西州的高地上，牧牛人
常面对太阳，打着火把绕牛棚走三圈，他们这样做的目的是清洗羊群、牛群，使它们不生疾病。

欧洲南部

仲夏节前夕点燃篝火，在篝火旁跳舞，从篝火堆上跳过，这一套做法在整个西班牙以及意大利
的某些地区和西西里岛都很普遍，或者说，直到最近都很普遍。在马耳他岛，到了圣约翰节(仲夏节)前
夕，市镇和村庄的街道广场上都点起大堆篝火。从前，在圣慈善收养院前摆着一堆油漆桶，由圣约翰修
道会的教长把火点着。据说希腊也一样，在圣约翰前夕点燃篝火并从火上跳过去的习俗仍然很普遍，
这种习俗流行的原因之一是希望躲避跳蚤。根据另一说法，妇女从火上跳时喊道："卸脱我的罪过。"
在莱斯博斯岛上，圣约翰节前夕点燃篝火通常是三堆三堆地点燃，人们则从火上跳三次，跳时每人头
上顶一块石头，说道："头顶石头跳过兔火！"在卡利姆诺斯，据说仲夏篝火能保证来年丰收，并驱除跳
蚤。人们围着火又跳舞又唱歌，把石头放在头上，然后从火焰或炭火上跳过。火焰渐小时，他们向火里
扔石头；火快灭的时候，他们在腿上画十字，然后径直走到海里去洗澡。

非洲北部

在仲夏节或仲夏节前夕点燃篝火的习俗广泛地流行于北非的穆斯林民族中，尤其是在摩洛哥
和阿尔及利亚。在柏柏尔人和许多阿拉伯人或讲阿拉伯语的部落中也很普遍。在这些国家里，仲夏节
叫做兰萨拉。篝火是点在院子里、十字路上、田里，有时点在打谷场上。凡燃烧冒出浓烟和香气的植物

都是烧篝火用的好材料,其中有大茴香、麝香草、芸香、山萝卜子、甘菊、天竺葵和薄荷。人们用烟熏自己,尤其给孩子熏烟,并把烟往果园和庄稼上扇。人们还从火上跳过去,有些地方,每人得从火上跳7次。而且他们还在篝火上点火把,拿着火把熏屋子。他们拿东西从火上穿过,引病人去接触火苗,祈祷病人从此恢复健康。篝火的灰还以具有致福的特性而著名。所以有些地方的人们用篝火灰擦头发或身体。有些地方的人们认为从火上跳过去就能消除百害,不生孩子的夫妇可以生育。摩洛哥北部里弗地区的柏柏人认为篝火对他们自己、他们的牲口和他们的果树非常有益。他们从火上跳过,相信这会保持他们的健康,他们在果树下点火,以免果实早落。他们还认为把灰和成泥抹在头上能防止头发脱落。据说摩洛哥的所有这些风俗都认为篝火有益。他们认为烟里含有巫术元素,能为人、动物、果树和庄稼消灾。

　　信奉伊斯兰教的民族都有仲夏节,这一点特别值得注意,因为回历完全是按月亮推算的,又没有闰年闰月予以校正,太阳年中有一定时日的节日,他们必然注意不到。所有严格的穆斯林节日,都以月亮为准,在地球环绕太阳运行的整个周期中,都随月亮的转动而推移。这个事实本身就证明了在北非的穆斯林民族中,正如欧洲的基督教民族一样,仲夏节与该民族公开承认的宗教毫无关系,而是更为古老的传统习俗的遗迹。

收割干草　　　　　　　　　　　　　　　　　　　　　　勃鲁盖尔 [佛兰德斯] 1565

7月

7月6日~14日　奔牛节

　　在西班牙,奔牛节是一个特别热闹的节日。在此期间全国各地都会举办一场惊险又刺激的奔牛活动。早在公元1591年西班牙就有奔牛活动。奔牛节的出名还在于著名作家海明威的小说《太阳照样升起》,小说中所描写的潘普洛纳奔牛活动,使得西班牙奔牛节世界闻名。无数的读者都想在7月来到西班牙,亲临小说中所描述的奔牛节的每一个场景与画面。

　　在西班牙的奔牛活动中,场面最大最刺激的是西班牙北部小镇潘普洛纳的奔牛节。7月6日~14日,奔牛使小镇变成了全世界最疯狂的城市。每天早上,人们都会穿上当地的传统服饰,系着红围巾,戴着红帽子,在街道旁等待着成群的斗牛飞奔而过,人们往往会跑在斗牛前面,而狂奔兴奋的斗牛会一味地铆足劲向斗牛场奔跑。此间,往往会发生游客被牛踩伤的事故,有的甚至会丧失性命。到了下午,将在斗牛场由西班牙斗牛士上演精彩的斗牛表演,此活动来源于西班牙人围猎野牛的活动。斗牛活动具有很大的危险性,斗牛士一般都经过很严格的训练,直到把斗牛杀死为止。晚上,取代血腥斗牛活动的是狂欢,人们成群结队地在街头开怀畅饮,载歌载舞。这也是最吸引游人的时刻,此时体验到的绝对是一场正统而地道的西班牙式庆典活动。

　　西班牙最著名的节日——圣弗明奔牛节,因海明威的小说《太阳照样升起》(1926)而举世闻名。

　　奔牛节上午为奔牛,下午为斗牛。自1591年举办以来,每年都吸引着成千上万的游客来西班牙参加这一历时9天的狂欢活动。

10月6日~31日　塞林万圣节鬼怪嘉年华

塞林万圣节鬼怪嘉年华是由西洋鬼节——万圣节和美国马萨诸塞州塞林市"巫婆审判事件"演变而来的。1692年2月，塞林市的小女孩们纷纷染上一种怪病，她们经常会出现抽搐、筋骨扭曲、胡乱说话和攻击性行为，当时的医生毫无办法。地方法官认为需要用超自然的方法来结束妖魔的诅咒。这些小女孩被认为是受妖魔诅咒，将化身为巫婆。染病的共有24人，其中19人被残忍地吊死在山头，余下的都死在监狱里。这就是著名的"巫婆审判事件"。发生这次惨剧以后，美丽的海湾小城塞林从此笼罩在一片诡异、悬疑之中，后来逐渐成了各种灵异事件的集中地。于是万圣节被人们有意地推广开来，后来竟成为一个为期近一个月的大型庆典活动。

每年10月6日，整个活动开始。首先由来自波士顿的"恐怖列车"满载着"妖魔鬼怪"来到塞林市。列车的布置阴森恐怖，有许多专业演员充当鬼怪。如果人们想到列车里参观，公主战士"蒂芬尼"会带路，保护人们不受怪物们的骚扰。在嘉年华中，还有"鬼屋探险"的活动，让你探访各位名家建造的恐怖鬼屋；或者让人亲自前往某凶杀案的现场和传说中鬼魂经常出没的地点，甚至是吸血鬼住过的房子。其他活动还有恐怖剧表演、夜间大游行、灵异博览会，还有万圣节的南瓜派对。人们在这里有吃有喝，还有惊险刺激的探险活动，使得塞林万圣节鬼怪嘉年华分外有趣。

当然以"巫婆审判事件"为主题的活动也是不可或缺的。此时，你能清楚地知道这个发生在300多年前的惨剧的来龙去脉，不仅有机会去参观当时对女孩们执行死亡审判的房子，还能到这次不幸事件的纪念碑前向女孩们悼念、志哀。之后可以参加轻松快乐的"巫婆审判事件"化装舞会，其中有音乐、美酒和美食，还有"比比谁的扮相最吓人"的化装比赛。这已经和几百年前发生的惨剧没有关系了。

11月

11月1日 万圣节

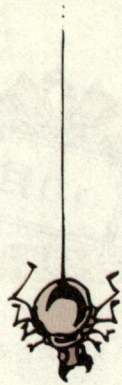

万圣节的由来

基督教传统

万圣节起初是西方基督教会的宗教节日，基督徒在11月1日这一天崇敬和纪念所有知名及不知名的基督教圣徒。从4世纪起基督徒就有纪念为基督而死的殉道士的习惯，并为一些殉道士设立特别的节日。当殉道士越来越多的时候，就开始确立一个专为纪念所有信徒的节日。据可靠资料记载，

圣马塔易的殉教　　　　卡拉瓦乔[意] 1598

最初是将安提阿首先发现的五旬节(圣灵降临节)之后的第一个星期日定为万圣节(东正教的万圣节也在这天。有几本圣书中就提到了在这天纪念众圣徒的事)。最初被封为圣的只有圣母和施洗约翰，后来被封圣的圣徒就越来越多。直到609(或610)年5月13日，罗马教皇博尼费斯四世为圣母和所有的殉道者封圣，并将此日定为众圣徒的周年纪念日。后来罗马教皇格列高利三世(741年)又将这个节日改为在每年11月1日庆祝，从此格列高利在每年的这天都要将圣彼得大教堂的一个小礼拜堂献给所有的圣徒。到格列高利四世(844年)时，11月1日被推广为基督徒普遍庆祝和纪念众圣徒的节日——

万圣节(The Feast of All Saints / All Saints' Day/ Allhallowmas / All Hallows)。虽然所有的基督徒都过万圣节，但是由于教派和宗派不同，他们对节日之意义的理解也不完全相同。罗马天主教、东正教和新教的圣公会在万圣节既向上帝感恩和纪念众圣徒，同时也有向天上的圣徒祈祷并请求帮助的内容。但对于路德宗的信徒而言，万圣节是纪念所有已死和仍活着的圣徒的日子，且因此而感谢上帝。

古代凯尔特人的"新年"

11月1日也是古凯尔特人(即现在的爱尔兰人)的新年,而10月的最后一天(10月31日)太阳落山后则是他们的除夕——"桑巴因"(Sambain,即夏季结束之意)。以游牧和农业生活为主的古凯尔特人把一年分为两季——夏季和冬季,从5月1日到10月31日是夏季,气候温和而湿润,百草茂盛,万物复苏。从11月1日到第二年的4月是冬季,天气寒冷,田野和山林也一片枯凉。

在夏天结束和冬天来临之际,古凯尔特人要举行盛大的庆祝活动。主要内容是祭拜太阳神和死神。在古凯尔特的众神之中太阳神位居榜首,他掌管冬夏的轮回,可保佑农业的五谷丰登和畜牧业牛羊满圈。所以人们在新年的除夕夜奉献谷物,宰杀牛羊,以此感谢太阳神赐予的丰年,表达他们的尊敬。

古凯尔特人在祭拜太阳神的同时,也邀请他们祖宗的亡灵回来一起分享丰收的成果。"传说10月31日的夜晚,阴阳两界的大门是敞开的,死神会将一年中去世的亡魂召聚在一起,帮助他们降临到另一个世界。亡魂在离开之前会回到自己生前居住的地方,探望自己的亲朋好友。"另有一种传说,死去之人的亡魂在除夕之夜可以附在动物甚至是人的身上,回阳间看望自己的亲人。死神则在这晚把所有的亡魂聚集在一起,安排他们新年的命运。关于亡魂的传说虽不相同,但古凯尔特人则坚信不疑除夕之夜亡魂无处不在:想着在寒冷的荒野里受冻挨饿的亲朋之亡魂,善良的古凯尔特人早已准备好了热腾腾的饭菜和水果、美酒,等着回家探亲的亡魂享用。

古凯尔特人还相信,和亡魂一起生活在另一个世界的还有无数仙子,这天夜里仙子们也

阿波罗与黛芙妮　　波拉约洛[意] 1470-1475

会在空中到处飞翔。仙子们平常住在许多的小山丘里,由于人们平日里经常在这些地方活动侵扰了仙子们的世界,所以古凯尔特人相信,仙子们在10月31日这天晚上也会回来侵扰人类。比如说他们可能把人骗到小山丘里并永远困在里边,无法回到人界。因此,古凯尔特人为了不受仙子们的侵害和欺骗,就在家门口摆设许多美食供仙子享用。

橡树篝火是古凯尔特人除夕的象征。他们认为橡树是神圣的,用它点燃的火是圣火,既可以驱除恶灵和仙子的侵害,也能照亮亡魂回家的路。点燃橡树篝火由德鲁伊特(古凯尔特人中一些有学识的人,他们担任着祭司、教师、法官、巫师或占卜者等职务)主持。他们先让人把家里的炉火灭掉,再到高山上点起熊熊的橡树篝火。围在篝火旁的人们聆听着老人们讲述各种离奇的鬼仙故事。年轻人身着动物毛皮衣唱歌跳舞,也有人到与黑猫相伴的女巫那里看魔法或预测婚姻、来年的天气等。第二天,德鲁伊特再用篝火点燃各家的炉灶,这吉祥的圣火也就是新年开始的标志。

古凯尔特人庆祝新年用三天的时间,从10月31日到11月1日。在这三天里他们可以随意装扮和恶作剧,甚至可以把别人家的门拆下来扔进阴沟里,将别人的马牵进其他人的田里。最热闹的还是孩子们,他们挨家挨户要东西吃。

罗马的果树女神节

11月1日又是古罗马祭拜果树女神波摩娜的节日,主要是庆祝丰收,感谢果树女神的恩赐和保佑。在庆祝活动中,苹果和干果既是献给女神的祭品,也用它们做游戏和占卜。当公元43年古罗马入侵大不列颠(古凯尔特人居住之地)之后,果树女神节与古凯尔特人的新年互相融合,形成了现在万圣节用苹果和干果玩游戏和占卜的习俗。

一个圣俗相兼的节日

虽然万圣节的名称来源于基督教,具有宗教的神圣性,但万圣节又与许多基督教认为是"俗"的古凯尔特人和古罗马人的文化与习俗相关。所以,万圣节就成了一个"圣"与"俗"文化传统相结合的节

从胜利女神那里接受戴冠的阿波罗   高瓦贝尔 1688

日。最早是古凯尔特人庆祝丰收和祭拜太阳神与死神的新年,罗马人入侵之后则融入了他们祭拜果树女神波摩娜的庆典习俗。公元4世纪,基督教在罗马兴盛以后,此节日经历了一个"神圣化"的过程。古凯尔特传说中的鬼魂、仙子以及德鲁伊特与古罗马神话中的果树女神一起被"妖魔化",成为邪恶的象征。当万圣节在1840年左右传入美国之后,原本带有宗教神圣色彩和庆祝丰收、新年来临的节日逐渐

演变成了人鬼同乐的"狂欢节",死亡的恐怖和鬼怪的邪恶也发展成了各种有趣的活动。因此,万圣节也就成了在美国仅次于圣诞节而广受人们喜爱的节日。

万圣节的主要象征

　　最初的万圣节是祭奠鬼神的节日,因此这个节日中的各种象征物多与鬼神相关,甚至变成了鬼神的使者。它们以千姿百态的造型和样式,出现在各种场所与饰物上,常见的有杰克南瓜灯、黑猫、骷髅和女巫等标志,给万圣节披上了一层古怪离奇的外衣。这些鬼神的使者,有的源于古凯尔特人的桑巴因节,也有的是汲取了其他文化色彩,组成了一个鬼神使者的大家庭。每位使者的后面又有一段神奇的故事。

杰克灯

　　杰克灯是万圣节最明显的标志之一,来源于古凯尔特人的新年习俗。在每年的除夕晚上,古凯尔特人出门要提着一盏由大萝卜刻成的灯笼,他们相信此灯笼有驱除恶灵的功效。当古凯尔特人移民到美洲之后,这种萝卜无法种植,而当地又盛产南瓜,于是人们就用南瓜取代了萝卜,所以杰克灯又叫南瓜灯。如今由南瓜制作的杰克灯,上面可以刻上自己喜欢的各种图案。每年刚进10月,杰克灯便成了家家必备的饰品。街道上也成了杰克灯的展示会,甚至代替了路灯,成为一道独特亮丽的风景线。

　　关于杰克灯有这样一个传说:一天,一位叫杰克的男子请魔鬼喝酒,酒后他没钱付账,便说服魔鬼变成六便士付账。可吝啬的杰克并没有拿来付账,而是用银纸把魔鬼镇住了。魔鬼以一年不来吓唬杰克为代价才得以自由。不久,杰克去世了,天堂因他太吝啬不收留他,地狱因他戏弄魔鬼也不接受他。无处可归的杰克只好到处流浪,用大头菜做成的灯笼来照明前面的路。另有传说认为,魔鬼帮了一位叫杰克的爱尔兰男子,他却用十字架将魔鬼镇住,并让魔鬼发誓不可将其灵魂收入地狱。他死后,天堂不收留他,魔鬼也因立过的誓不接受他,杰克只能提着一盏孤灯在黑暗中寻求归宿。

　　杰克所提的灯笼由此流传下来,被称为杰克灯。在爱尔兰,人们年年以传统的方式来做此灯,挖空萝卜、葫芦或大头菜,然后将烧着的火炭放在其中,灯上雕刻着鬼脸的图案。万圣节前夕挂上此灯,表示欢迎谢世亡灵的归回,并相信它能祛除鬼怪,使人不受侵害。但早期的杰克灯大都简陋,远非今日如此华丽。1840年,欧洲移民在美洲发现当地的南瓜是做杰克灯的完美材料,并用蜡烛替代火炭,成为今

天杰克灯的雏形，因此也称之为南瓜灯。

　　杰克灯若未经过特殊处理，最多可放一周。人们因为对杰克灯怀有特殊情怀，便想出各种方法来延长它的寿命，比如阴干、冰箱冷藏或喷南瓜溶液等。更有甚者，因不忍将其随意丢弃，还会为南瓜灯举行葬礼。

仙子

仙子的传说源于古凯尔特人。他们认为，人死后与仙子住在同一个世界。在万圣节前夕，仙子们回到人间，四处飞翔。今天的爱尔兰仍有许多关于仙子的故事，仙子也成为文学史上，诗人、作家钟爱的对象。在他们的笔下，仙子成为美貌与美德的化身。后来受基督教的影响，被人尊敬崇拜的古凯尔特人的仙子逐渐演变成了恶魔的形象。今日的万圣节晚会或游行时，仙子的模样是"头戴银亮的三角帽，身穿色彩鲜艳的公主裙"，神秘而可爱，成为追求漂亮的女孩子们最喜欢的装饰之一。

女巫

万圣节中，女巫是不可缺少的。古埃及人、罗马人及美洲的印第安人都相信女巫们精通妖术魔法。他们认为女巫是将灵魂卖给魔鬼的妇女，她们在万圣节的前夜，会架着魔杖带上黑猫去与骑着山羊的魔鬼约会，一起吸干马的头颅，然后跳舞狂欢。人们如果在万圣节前夜，反穿衣服，倒走路，就可以在半夜里看见女巫的样子。女巫的名言是："万圣节前夜的十二点钟，什么样的怪事都有可能发生。"在巫术流行的古代，人们还相信女巫的咒语可以让奇迹发生。古凯尔特人则相信女巫是阴阳两界的中间人，他们知道咒语，能与亡魂通话，在除夕夜专门主持特别仪式，邀请亡魂回家探亲。女巫不但通灵，还算卦占卜、预测婚姻和天气等。其实，女巫在占卜活动之外也从事医药采集和给人治病的职业。

　　由于基督教的《圣经》对女巫采取明确的否定态度："行邪术的女人，不容她存活。"妖术和魔法都被认为是邪恶的，所以女巫会受到上帝的诅咒和惩罚。女巫作为异教的象征，在历史上一直都是宗教迫害的对象。中世纪天主教对女巫的迫害较为严重，许多女巫被处死。早期的美洲移民将他们对女巫的信仰与当地的种种传说融为一体，因而关于女巫的传说五花八门，难以辨清。今天人们对女巫的魔力早已淡忘了，而女巫的造型则成了人们在万圣节上喜欢的化装样式之一。

黑猫

古代凯尔特人相信猫是一种神圣的动物，它总是与女巫联系在一起。据传，以前猫本来与人一样，只因后来干的坏事太多，被惩罚而成了现在的模样。有人说黑猫代表死者的灵魂，死者会附在黑猫身上在万圣节前夜回到阳间来看望亲人。也有人认为黑猫身上常常附着邪恶的灵魂，黑猫因此而声名

狼藉，甚至成了现代恐怖电影不可缺少的角色。

在西方，民间流传着许多关于黑猫的迷信，比如：若是看到黑猫经过，最好是往回走，否则你一定会碰上坏运气；如果黑猫安静地卧在你身旁，你将平安无事；黑猫靠着你擦痒，你会走好运；它跳到你的膝上，暗示你可以去博彩，一定中大奖；如果黑猫从你身边悄悄溜走，意味着你的隐私将在一个星期之内被人人皆知。由于黑猫一直被人们视为邪恶的动物，又是女巫的宠物，所以万圣节的前夜，黑猫成了孩子们玩弄和恶作剧的对象。但万圣节中黑猫的形象广为人们喜爱，许多人家的窗玻璃上都会贴着各式各样的黑猫图案，有些孩子也喜欢化装成黑猫模样。

鬼魂

鬼魂在古凯尔特人的传说中非常悠久。他们一直认为在每年 10 月 31 日晚上，阴阳两界的大门都敞开着，已故亡魂可以自由地在阳界游荡。此时的人们就会请他们的先祖们回家一起庆祝新年的到来，由此万圣节也就流传了鬼魂的传说。所以，悼念亡人、骷髅和头盖骨等形象渐渐成了万圣节文化的一部分。

猫头鹰和蝙蝠

对于美洲的土著印第安人来说，疾病和死亡的象征是猫头鹰。他们相信猫头鹰会陪伴死者的亡魂到达另一个世界，而没有转世的鬼魂则会变成蝙蝠。当万圣节传来之后，这两种黑暗的使者就成了节日的标志。

蜘蛛

蜘蛛在印第安人的习俗中有不祥之兆。如果有人走路时遇到了一只灰色或黄腿的蜘蛛，就一定要打死它，否则一定会遭难。但不能让它知道是谁打死了它，因为蜘蛛的魂魄可能会回去告诉它的家人，让它们给自己报仇。因此，印第安人在打蜘蛛时都会说："蜘蛛老爹爹呀，是雷神杀了你。"蜘蛛可能真的会去找雷神报仇。

万圣节其他鬼怪的标志还有东欧的吸血鬼和狼人、古埃及的木乃伊等。

万圣节的庆祝活动

不给就闹恶作剧

在美国，孩子们中间流行着在万圣节前夕"不给就闹"的游戏。太阳刚落山的时候，孩子们穿着

早已准备好的化装服,戴着面具,背着"不给就闹"的口袋,成群结队地来到邻居的门口,齐声喊"不给就闹"。这时主人往往会开门接待他们,将事先准备的一些糖果放到孩子们的口袋里。然后孩子们再去另一家门前喊闹。如果有人家不招待,孩子们就会用各式各样的恶作剧回报他们。比如把肥皂涂在人家的窗户或门把手上,在汽车上乱画或将汽车轮胎的气放掉,在墙上乱画,往玻璃上涂很难擦掉的蜡油,往汽车上扔鸡蛋或西红柿,偷走垃圾箱盖,往树上挂卫生纸,搬走农家的农具,赶走农民的牛,将南瓜滚到马路上等。恶作剧应以不造成人身伤害和损害别人的利益为限,以给人惊喜为宗旨。如此的恶作剧也不必担心受罚,"不给就闹"的意思就是"你不款待我,我就捉弄你"。孩子们也只有在这一天才有这种特权。

"不给就闹"已经成为美国万圣节前夜中孩子们的传统节目,这种习俗是几种古代风俗与现代生活的混合物。关于"不给就闹"习俗的来源较多,其中人们熟悉的有以下几种。

最早与古凯尔特人的新年有关。传说古凯尔特人为防止仙子们在新年前一天的侵害而设宴款待他们,把一些食物或牛奶等放在门前的台阶上,仙子们接受了礼物之后就会保佑这房子的主人新的一年里好运不断。他们也在房屋的四周为夜里游荡的亡魂摆设些水果和食品,吃饱了的鬼魂就不再伤害人或牲畜。这些款待仙子和鬼魂的习俗一直延续至今,只是现在的仙子和鬼魂变成了化装的孩子们。

"不给就闹"可能与天主教一种搜灵的风俗相关。在11月2日万灵节这一天,一些基督徒走村串户,乞讨由面包和葡萄干做成的"灵魂蛋糕"。据说施舍蛋糕越多的人,得到乞讨人为其死去的亲属的祷告也就越多。因为陌生人的祈祷能保佑和祝福施舍之人死去的亲属,并能让他们的亡灵早日进入天堂。

据说在古代的欧洲,当灾病侵袭的时候,人们相信戴上可怕的面具可以吓走带来厄运的魔鬼。中世纪的习俗是人们穿上化装服游行,且挨家挨户表演,然后主人会给表演者啤酒和小吃作为礼物。如果主人太吝啬的话就要遭厄运,游行的人也会对他们搞恶作剧。

美国万圣节"不给就闹"的习俗是从1840年爱尔兰移民的入迁开始的。爱尔兰移民在美国一直保持着他们新年的习俗,在万圣节这天女孩子要呆在家里,玩占卜的游戏。而男孩子就可以到外边四处游荡,搞一些恶作剧,家长们则假装认为是亡灵们所为。

从"不给就闹"到诺贝尔和平奖

1950年,美国费城一所主日学校的孩子们在万圣节倡导了一项前所未有的活动——将"不给就闹"的战利品与全世界的儿童分享,帮助别国的贫困儿童。孩子们在装东西的口袋上画些漫画,并写上

"为联合国儿童基金会募捐"的字样。他们的宗旨是:"我们要分担别人的忧愁,而不要装鬼怪吓唬别人。"第一次他们只讨来 17 美元,但到了 1956 年,13000 个社区的 350 万美国儿童共募捐了 270 万美元,此款项用来帮助了 120 个国家的儿童。这一善举因此获得了 1956 年的诺贝尔和平奖。

在加拿大,专门组织了"联合国儿童基金会加拿大委员会"来负责万圣节募捐活动。据统计,有百分之六十的加拿大小学参加了此项活动。自 1955 年首次募捐以来,共筹集资金 7500 多万美元。

万圣节"鬼妆"

万圣节前夜外出化妆是少不了的,最简单的"鬼妆"是戴一个又酷又丑的面具。喜欢创意的人则可以用各色的面膜将脸涂成各种样式。最有效果的是把眼眶涂成白色或黑色,再用血红色做眼泪或画小鬼的红脸蛋。若有时间可以自造一张"鬼脸":先在脸上涂面油,再打上白色的粉底,抹上黑色或蓝色的眼影,眼里流着长长的血泪,鬼气十足。也可以造一只"鬼手"。在涂胶水的手上贴上泡沫或棉花之类的东西,然后将假血浆或红墨水涂上,使手看上去血肉模糊。如果在漆黑的夜晚,将这样一只血淋淋的手突然伸到别人面前,效果可想而知。

万圣节怪装系列

万圣节期间,大街上到处都能看到各式各样的化装服和鬼脸面具。而最简单的鬼服就是把家里的白床单披在头上,抠两个洞露出眼睛来就可以了;要想扮成天使,穿上白衣白裤就可以了。卡通人物也成了人们热衷模仿的对象。

纽约万圣节前夕(Halloween,10 月 31 日)游行中的骷髅玩偶。

这也给商家带来了可观的财富。如果,自己动手设计制作化装服的话,会有一种意外的快乐和惬意。能从中体会到自娱自乐的情调。以下介绍几种造型设计:

机器人 将几个纸箱挖洞后,分别套在头和四肢上,然后在"头"的脸面上分别贴两只塑料盘子做"灯",再用两根细木棒做触角(天线),如果要想美观的话,在外面涂一层银漆或用铝箔纸包装一下,就会更加逼真迷人。

蜘蛛 穿上黑色紧身衣和紧身裤,把三双连裤袜塞满海绵制品,粘到腰上,头戴圆锥型绒帽,用黑

色烟斗通条作触角,这样就活灵活现了。

木乃伊 用发胶固定好头发后,再在脸上涂一层厚厚的白色化妆粉。把白色的平纹细布裁成条状裹住全身,走动时注意步伐僵硬一些,保证会把人吓得半死。

骷髅 穿上黑色紧身衣和紧身裤,用粉笔在身体的骨骼部位画出骨头的形状,再将眼圈四周涂上黑色眼影,脸部的妆越白越会突出对比效果。化装的人越是瘦骨嶙峋,效果越明显。

摇钱树 穿上一套绿色的线衣,然后全身粘满花花绿绿的假钞票即可。

万圣节的装束并不都是鬼魅害人的,也有滑稽可爱的形象,只要随心所欲,尽情发挥就好。有些女孩子常扮成有着古典美的公主形象,而男孩子总是扮出一副沧桑感的样式,让人感觉他的成熟。有人装扮成警察,甚至可以达到以假乱真的效果。

家庭装饰

万圣节传统的家庭装饰在颜色上以黑色和黄色为主,黑色与死亡相关,黄色则是丰收的象征。传统的家庭中会放一些南瓜和稻草人,最常见的图案是贴在门上的骷髅,贴在窗户上的魔鬼、海盗、小丑,还有骑着扫帚的女巫和一只狰狞的黑猫。在阳台上挂几只杰克灯,在雕成鬼脸的南瓜里点上幽幽的鬼火,在夜风中摇晃。也可以在门窗上挂一些由丝棉织成的"蜘蛛网"。如能在门口安装声控设置效果更好,当人进门的时候就可发出一种鬼哭狼嚎的恐怖之声。

万圣节鬼故事

传统的万圣节活动之一是围在篝火旁听"女巫"讲鬼故事。现代人则一般是在万圣节前夜的晚会上听人们讲古老的传说、神话或恐怖的故事。下文是一篇经典之作:你来做什么?

从前有一个独居的老妇,在一个寒冷而漆黑的晚上,她孤独地坐在炉火旁,默默地自言自语:"如果有人和我做伴该多好啊!"话音刚落,就从烟囱里掉下两只血淋淋的脚。老妇吓得两眼发直,两腿发抖。她还没回过神来,紧跟着又掉下两条腿,一蹦一跳地站到了脚上。然后,一个男孩子的身体,两条胳膊和一颗男人的头依次掉下来粘在了一起。这个又高又大的男人不言不语,围着老妇人开始跳舞,直弄得老妇人头晕眼花。突然,那个男子停在老妇人面前,两只流着血的眼睛呆呆地瞪着她。"你来做什么?"老妇人低声问道,身子不停地打着寒颤。"我来做什么?"他鹦鹉学舌般地一边重复老妇人的话,一边又说:"我来找你!"

此时讲故事的人边说边突然跳到最近的一个"胆小鬼"的面前……

万圣节食品

万圣节的饮食文化仍然离不开怪异、恐怖和恶作剧的主题。传统的食谱有:沙司"蜘蛛网"、"血眼球"的泡马提尼、南瓜饼、牛肉南瓜煲等,现代人则更是想出了千奇百怪的名称,如"活剥生吞"、"行尸走肉"、"死不瞑目"等。

各地"鬼俗"

万圣节随着天主教在欧洲的影响也一度深入人心。在法国和英国等一些欧洲国家曾经有过此活动的庆典，但后来出于种种原因被人们逐渐淡忘。而古凯尔特人的后裔——爱尔兰人则一直保持着万圣节的传统。美国的万圣节就是由爱尔兰移民带去的。在英国，由于宗教改革，万圣节被取缔，故而这一节日仅局限在美洲和爱尔兰。近些年来，随着美国文化的传播，万圣节在欧洲这片古老的大陆上开始复苏。

爱尔兰

爱尔兰是最早庆祝万圣节的国家之一。今天的爱尔兰人庆祝万圣节的方式与美国相类似。他们也会像古凯尔特人那样点篝火，孩子们则玩着"不给就闹"的游戏。爱尔兰的孩子们比美国的孩子多了一种咬苹果的游戏：将苹果放在装满水的木桶里或用一根绳子吊起来，游戏的人不用手，但要咬到苹果。爱尔兰还保留着一些原始的传统，孩子们推举一个擅长吹号角的男孩为他们的首领，一起成群结队地去索要食品和礼物，然后再到事先约好的地方一起狂欢。

爱尔兰万圣节前夜有一道菜叫土豆糊。人们会将戒指、硬币、顶针之类的东西放入其内拌成一团。用餐时，若有人吃到戒指，就意味着他来年会喜结良缘。吃到硬币则意味着他来年发大财。吃到顶针是最不幸的：此人可能一辈子都无法结婚。有些人也会把戒指、硬币、顶针之类的东西放入蛋糕或坚果内。

婚姻和爱情是年轻人最关心的话题，也是最想预测的。小伙子们总是以撒大麻子来预测自己的爱情。姑娘们是以另一种方法预测：天黑后她们把一团纺线扔到窗外，若有人抓住线的另一头喊出自己的名字，他们就可以结为夫妇。姑娘们要想知道追求者中谁是自己真正爱的人，可以往火里扔三个坚果，一个代表自己，另两个代表她爱的人，被烧掉的坚果代表的就是那个真正爱她的人。还有一种流行的习俗是，小伙子往嘴里塞九粒燕麦片，然后往前走，听到的第一个姑娘的名字就是他未婚妻的名字。姑娘们则故意将自己衣服的袖子弄湿，放在炉边烤，那个将另一面翻过来烤的小伙子就是她的未婚夫。

英国

英国的孩子们在万圣节会身穿破烂的衣服，手里拿着小雕像，专门向陌生人讨钱，指着雕像说："给他一分钱吧。"讨来的钱当然是归他们自己所有了。

苏格兰人则仍保留了在山上点燃篝火的古老习俗，他们称这篝火为"万圣节焰火"。年轻人喜欢围着篝火跳舞，焰火被喻为太阳。几乎每家每户都点篝火，并要比谁家的火最旺。为了让火点得更大，孩子们还会挨家向主人讨泥炭，非常流行的一句话是："给我们一块泥炭烧巫婆吧。"点火之后，青年们并排躺在篝火边的地上，让烟从身上滚过，也有人从烟中和躺着的人身上跳过。火烧完之后，他们将炭灰撒向四周，并认为谁撒的灰多谁就会交好运。苏格兰还有一个独特的习惯是，10月31日晚上，人们拿着火把在野地里围成圈，顺时针或逆时针绕圈，以保证他们来年有好的收成。然后他们在家里点起篝

95

火,家庭成员每人往火里扔一粒做了记号的石子,第二天去查看,石子有变动的那人被认为来年会死亡。孩子们则喜欢提着杰克灯四处奔跑。而人们预测未来的事也与爱尔兰人一样。

英格兰与苏格兰和爱尔兰的风俗一样,但其独到之处是,年轻人在万圣节的前夜将苹果皮在头上转三圈后,顺左肩滑下,希望借此拼出所爱的人的名字。咬苹果的游戏也带有了预测的功能:咬住苹果的人是来年运气最好或最先结婚的人。

加拿大

加拿大人同美国人一样非常注重万圣节。特别是安大略省的许多地方,连续三天庆祝万圣节。活动内容有烟花、音乐会、万圣节"鬼怪"大游行、车赛以及一些展览等。

西班牙、墨西哥及一些拉美国家

这些国家的人们更注重的是 11 月 2 日的万灵节(All Souls Day)。庆祝活动从 10 月 31 日到 11 月 2 日共三天。主要内容是悼念死者,人们在家里设置灵堂,摆上亡者的照片、鲜花、水果以及亡者生前最爱吃的食物。有时还会放一盆清水,供亡灵洗手。黄昏时点上蜡烛,使灵堂灯火通明,据说这样可以帮助亡灵指引回家的路。第二天,家人还会到死者的墓前,将墓地打扫干净,然后再摆上鲜花和食物,表示对死者的怀念。万灵节没有给人带来哀伤的气氛,而是多了一份回忆的甜美与宁静。与美国的万圣节相比,它少了喧闹和激情。虽然也有人化装上街游行,但更多的是祥和的感觉。

受美国文化影响至深的菲律宾人,也过起了万圣节。

近年来美国的万圣节虽然也影响到了墨西哥地区,但它仍然无法取代那里传统的万灵节。只是有些孩子们开始做万圣节的游戏了,特别是穷人家的孩子们会在万圣节的前夜在街上向过往的行人讨东西:"给我的南瓜一点东西吧。"

匈牙利

11 月 1 日是匈牙利的"公休日"。届时,匈牙利人会到亲人的墓地上同西班牙、墨西哥人一样缅怀死者。心理专家还建议父母在此时对孩子进行亲情教育。然而,美国式的万圣节仍悄悄地走进了每个匈牙利人的家庭,使匈牙利的万圣节也开始美国化。

法^国 万圣节初入法国时,人们还对它嗤之以鼻,如今法国的万圣节如同美国那样激情四射,甚至有过之而无不及。恶作剧和"不给就闹"的游戏虽没有美国那样强烈,但他们对妖魔鬼怪、魑魅魍魉的造型与化妆却是情有独钟。

11月9日~11日　国际草裙舞节

夏威夷国际草裙舞节在每年的11月10日左右举办,到时热情奔放的夏威夷草裙舞会吸引到场的每一位观众。节日期间,来自荷兰、瑞典、德国、日本、关岛、加拿大、美国和夏威夷各岛屿的草裙舞表演者将会聚集在草裙舞的发祥地——夏威夷,尽情地向世人展现热情奔放的夏威夷原住民的文化和太平洋美丽的岛屿风光。

在节庆中主要体现夏威夷传统文化中"爱"、"家庭"和"欢乐"三个主题。这三个主题都融会在各种各样的草裙舞里。有传统的草裙舞,还有现代的,团体的、个人的等等。其中最迷人的当然是草裙舞女郎们优美的舞姿和灿烂的笑容了。而且其中还有平时难得一见的男子草裙舞表演,体现了太平洋海岛居民豪迈阳刚的气质,一点也不比女子草裙舞逊色。在这个活动里,你到处可以感受到温馨和浪漫,以及海岛居民的友好和好客。世界各地的草裙舞都可以在此时尽收眼底。在国际草裙舞节中不只是娱乐,其中还有许多座谈会。游客可以在此了解到很多有关夏威夷的历史、文化、语言和传说。这不但让游客玩得开心,还能增长许多见识。

11月最后一个星期四　感恩节

感恩节的故事

清^{教徒移民} 1608年,为了逃避国内的宗教迫害,英国的清教徒乘船来到了完全陌生的荷兰。在那里他们虽然享受了充分的信仰自由,但由于语言和环境的不同给他们的生活带来了很大的困难。他们本来从事农业,现在要在城市里谋生,有许多工作都无法适应,故只好做一些类似纺织、金属制造和皮革制造等低收入的工作。在信仰上也越来越难保持他们清教徒的传统,于是,他们决定离开荷兰再次远行。他们起初考虑去南美洲的圭亚那,但由于弗吉尼亚殖民地的重要经济是生产烟叶,与清教徒禁烟的教规不符,最后他们选择了去北美洲。

1620年7月,英国清教徒乘坐一艘破烂不堪的"斯比特威尔号"船驶离荷兰,来到英国的南安普

敦,在那里与另一艘叫"五月花号"的船相遇。由于"斯比特威尔"最终无法修补,他们只好改乘"五月花号"航行。"五月花号"为180吨的大型轮船,船上共有乘客102人,其中清教徒35人,其他的有工匠、

位于美国旧金山湾阿卡特拉兹岛(Alcatraz Island)上的土著居民在举行"非感恩日"日出仪式。

渔民、贫苦农民,还有14人是契约奴。在离开荷兰的戴尔夫莎文后近4个月的航程中,清教徒们时刻面临着各种威胁,甚至是死亡的危险。最终,他们所乘的"五月花号"于1620年11月11日在普利茅斯登陆。登陆前,经历了大风大浪以及疾病与死亡洗礼的人们共同签订了《五月花公约》,并选出了第一位清教徒总督——约翰·卡佛。普利茅斯当时被称为可怕的鬼城,因为连续3年的瘟疫夺走了当地许多土著居民——印第安人的生命。

到达普利茅斯的第一个冬天无疑是灾难性的,因为他们没有足够的准备,冬天的寒冷和食物的缺少让近一半的殖民者在这块冰冷的新大陆上长眠而去。幸运的是他们得到了当地印第安人的帮助,印第安人帮他们建造房屋过冬,又在来年的春天向他们传授了农业种植技术。所以在1621年的秋天有了一个很好的收成,保障了这一群殖民拓荒者的生活需要。其中一位对清教徒帮助最大的印第安人是斯光托,1615年前他一直居住在巴塔塞特,后来他却与另外17名巴塔塞特人以及7名诺塞特印第安人被托马斯·汉特船长逮捕后贩卖到西班牙的马拉加为奴。不久他逃往英国,在那里与一位富商斯莱尼共同生活了几年。在清教徒登陆前6个月,他返回了这个荒凉的村庄。当清教徒来到厚汉特时,斯光托是第一个帮助他们并带给他们幸运的印第安朋友,清教徒若没有他的帮助,可能永远也无法度过第一个严冬。

第一个感恩节

当清教徒送走第一个灾难性的严冬而迎来第一个丰收的秋天的时候，他们决定隆重庆祝这样一个丰收且具有纪念意义的日子。感谢上帝带领他们度过艰难的寒冬，又赐给他们一个丰收的秋天，同时也祈祷上帝继续保佑他们来年风调雨顺，再获丰收。这就是历史上庆祝的第一个感恩节了。首次感恩节的庆祝活动持续了3天的时间。斯坦迪什上尉指挥士兵进行了一系列的演习。人们也组织了游行活动。礼炮齐放，号角齐鸣，喜乐的人群做着棒球游戏。清教徒们还请来了曾经帮助过他们的91位印第安人，其中包括印第安旺泊诺部落首领马萨索。移民的清教徒与土著的印第安人进行赛跑与跳跃游戏，印第安人善于弯弓射箭，白人移民则精于举枪射击。

首次感恩节的饮食丰盛而甜美。有山珍鹿、鸭、鹅、海味鳗鱼，农产品白面包、玉米面包、韭葱、水田芥以及其他蔬菜。饮料是浓郁香甜的野葡萄酒。饭后的甜品水果则是野李子与干果子。

庆祝秋天丰收的习俗

庆祝秋天的丰收是英国传统的习俗，庆丰收的活动以及伴随的宗教礼仪的习俗似乎可以追溯到古老的埃及、叙利亚和美索不达米亚时期。当时，人们往往要将从土地上得来的第一捆或者最后一捆麦子以及其他的农产品献给掌管大地和五谷之神——"伟大的母亲"（或"麦神"），她被认为是生育与繁衍之母。这样的大地妈妈被古代闪米特人尊称为爱斯塔特，古代弗利吉亚人则称她为西米尔，古希腊人又敬她为墨忒耳。古罗马的谷物女神是色列斯，她是10月谷物节上受崇拜的中心。基督教的《圣经·旧约》中详细记载了犹太人的两个农事节日——七七节（Feast of Weeks）和五旬节（Pentecost）。古犹太人在麦穗初熟和收割麦子完毕之后都要举行奉献礼，将麦子献给上帝，感谢上帝祝福他们获得丰收，也祈祷来年有更好的收成。

毕根利斯同四女神　　　　艾费尔蒂斯 1650

99

感恩节的确定

7 月 30 日

感恩节并非在第一次庆祝之后就确定为每年一度的节日，直到 1623 年人们才再度举行庆祝活动。清教徒度过艰难的 1620 年冬天之后，1621 年至 1622 年情况有了明显的好转。但在 1623 年 5 月中旬至 7 月中旬的两个月期间，干旱几乎毁掉了本来就长势不佳的庄稼。眼看着灾难将要再次降临，清教徒们开始了一天的禁食祈祷，祈求上帝降下雨露，救他们脱离干旱之灾。说也奇巧，第二天就真的下雨了。此时，"安妮号"船也正好登陆，它不但载有那些由于"斯比特威尔号"船不能航海而从英国返回荷兰的许多清教徒，也运来了足够的物资。为了感谢上帝降雨、朋友的光临与物资的援助，总督布拉德福宣布 1623 年 7 月 30 日为感恩与祈祷日，并邀请了印第安的朋友们参加。从此，每年的 7 月 30 日都有庆祝活动，直到 1676 年才有所变化。

后来，新阿姆斯特丹的荷兰人从 1644 年开始庆祝感恩日。他们的首次庆祝活动是为了祝贺与康涅狄格印第安人斗争的士兵们平安归来。

7 月 29 日

1676 年 6 月 20 日，马萨诸塞州的查尔斯城的管理委员会举行会议，讨论决定如何更好地表达他们对好运的感谢。虽然在会上未能取得一致的意见，但最终还是宣布将 7 月 29 日定为感恩日。此次庆祝不仅在时间上与以前不同，也没有邀请印第安人，重点是要为了庆祝殖民者对当地异教的土著人所取得的胜利——使他们成为基督教徒。

11 月最后一个星期四

在 1789 年，美国总统乔治·华盛顿宣布感恩节为全国性节日，因此也引起许多的争议。特别是清教徒对人为特定的感恩节不太认同，他们相信只有在得到速见成效的恩惠之后，人们向上帝的感恩才是发自内心的和真诚的。美国第三任总统托马斯·杰斐逊也曾嘲笑过美国有一个感恩节。

华盛顿的感恩节宣言

George Washington's 1789 Thanksgiving

Proclamation

Whereas it is the duty of all nations to acknowledge the providence of Almighty God, to

obey His will, to be grateful for His benefits, and humbly to implore His protection and favor; and Whereas both Houses of Congress have, by their joint committee, requested me to "recommend to the people of the United States a day of public thanksgiving and prayer, to be observed by acknowledging with grateful hearts the many and signal favors of Almighty God, especially by affording them an opportunity peaceably to establish a form of government for their safety and happiness."

Now, therefore, I do recommend and assign Thursday, the 26th day of November next, to be devoted by the people of these States to the service of that great and glorious Being who is the beneficent author of all the good that was, that is, or that will be; that we may then all unite in rendering unto Him our sincere and humble thanks for His kind care and protection of the people of this country previous to their becoming a nation; for the signal and manifold mercies and the favorable interpositions of His providence in the course and conclusion of the late war; for the great degree of tranquility, union, and plenty which we have since enjoyed; for the peaceable and rational manner in which we have been enable to establish constitutions of government for our safety and happiness, and particularly the national one now lately instituted for the civil and religious liberty with which we are blessed, and the means we have of acquiring and diffusing useful knowledge; and, in general, for all the great and various favors which He has been pleased to confer upon us.

And also that we may then unite in most humbly offering our prayers and supplications to the great Lord and Ruler of Nations and beseech Him to pardon our national and other transgressions; to enable us all, whether in public or private stations, to perform our several and relative duties properly and punctually; to render our National Government a blessing to all the people by constantly being a Government of wise, just, and constitutional laws, discreetly and faithfully executed and obeyed; to protect and guide all sovereigns and nations (especially such as have shown kindness to us), and to bless them with good governments, peace, and concord; to promote the knowledge and practice of true religion and virtue, and the increase of science among them and us; and, generally to grant unto all mankind such a degree of temporal prosperity as He alone knows to be best.

Given under my hand, at the city of New York, the 3d day of October, A.D. 1789.

G. Washington

1789 年乔治·华盛顿的感恩节宣言

尽管所有的国家都知道有责任和义务感谢全能的上帝的眷顾,顺从他的旨意,感谢他的恩典,虔诚地祈求他的保佑和讨他的喜悦。然而美国国会仍邀请我为他们的联合委员会作演讲,讲说"因着美国人民感恩的心和讨上帝喜悦的心,而成为上帝给予他们机会去建立安全、幸福的政府的记号"。

所以,现在我建议和授予每年 11 月的最后一个礼拜四,因着慈爱伟大的创造主,让我们将由上帝而来的爱来回报人间。因为我们成为他慈爱和保佑并亲自拣选的民族,我们也应该以诚实和谦卑的心来感谢上帝在过去日子对我们的眷顾。作为记号,上帝更多的怜悯和眷顾导致了战争的过程和最终结果。为了现有的宁静、团结和自由,也为了安全和幸福,我们有权建立一个和平和理性的法治政府。这个独特的国家如今学会了为民族和虔诚信仰的自由而寻求祝福,这意味着我们正在学习和掌握这种有效的知识。总之,上帝乐意将丰盛的恩典赐予人们。

同时,我们要一起谦卑地向上帝献上我们的祷告和祈求,也为我们国家的领导人祈求,恳求上帝宽恕我们的国家和我们的罪孽。对我们而言,无论是处在公众还是私人的位置上,要准时有效地去履行你所有的义务和责任,使我们的政府始终给人民带来幸福而成为明智、公义的政府,并且谨慎遵行、严格实施其法律制度,来保护和引导所有的领导和国家(特别是对我们友善的),使他们成为和谐一致的好政府,使所有人都能够贯彻实行真正的信仰和美德,也有助于提高知识水平和促进科学的发展。一般认为,只有这样才能达到人们认为的社会繁荣的最佳程度。

1789 年 10 月 3 日华盛顿在纽约市的发言。

华盛顿

黑尔夫人的感恩节社论

作为《波士顿妇女杂志》编辑的萨拉·约瑟法·黑尔夫人,于 1827 年掀起了要求在全国范围内庆祝感恩节的运动。为了在全美确立感恩节,黑尔可以说是不遗余力。除了在她的杂志上发表文章外,她还写了上百封信给总督和总统,以及一些有名望的且对她的主张有影响的企业家。最著名的是一篇感恩节社论,是她在 1863 年 9 月写的。摘抄如下:

"难道我们不能像在《圣经·旧约》中,耶和华为犹太人所规定的'收割节'与'五旬节'那样,把感恩节作为我们美国人永久的一年一度的全国性节日,在每年 11 月的最后一个星期四在每一个州庆祝吗?实际上,这个理想离我们并不遥远。在过去的 12 年或 14 年中,各州都为有一个统一的感恩节做出了努力。1859 年就有 30 个州在 11 月的最后一个星期四共同举行了感恩节的庆祝活动。同年,在印度洋、地中海和巴西基地的一些美国军舰上,人们也欢庆了感恩节,驻柏林普鲁士使馆的美国人也庆祝了感恩节。美国的传教士也曾强调说,如果有一天能作为美国人特定的感恩节,我们将会为这一天欢呼庆祝。如此,我们就可以让地球上每个角落的人们,都知道我们的民族以及我们对上帝的感激之情。这样的节日既可以激发所有美国人对家人与朋友的关爱,以及对上帝的虔诚,还可以培养人们爱国的热情。"

在黑尔夫人的推动之下,感恩节在北方渐渐确立下来。南方各州在弗吉尼亚州于1855年感恩节被确定之后也仿而效之。最终,林肯总统于1863年10月3日正式宣布,感恩节为一个全国性的节日,定于每年11月的最后一个星期四庆祝。

感恩节最终的确立

继林肯之后,历届美国总统都要发表一篇感恩节宣言,同时宣布这一年感恩节的日期。一般都将感恩节的日期定在11月最后的一个星期四(如遇该月有五个星期四,则选第四个星期四),但有两个感恩节的日期例外。在罗斯福总统执政期间,命令将1939年的感恩节定在11月的第三个星期四。如此是为了方便商家延长感恩节与圣诞节的时间,为圣诞节创造更多更充分的商机。接着的1940年的感恩节也定在了11月的第三个星期四。但是,美国人对这样的改动表示出了强烈的抗议,大多数的人们还是愿意坚持传统的节日时间——在每年11月的第四个星期四庆祝感恩节。最后,在1941年的国会会议上,由总统和各州州长共同宣布:每年11月第四个星期四确定为各州以及殖民地法定的节日——感恩节。

感恩节的习俗与文化

感恩节的象征物——丰富的羊角

"丰富的羊角"(Cornucopia)源于希腊字,相传是曾哺乳宙斯的羊角,装满花果则象征富饶是感恩节最重要的象征物之一。它原来是古希腊人象征丰裕富饶之物,弯曲的山羊角装满了各种水果与谷物,并且有许多溢出来落在地上。它表示宙斯对这羊角拥有者的看护与祝福,同时居于山林水泽的仙女阿毛斯埃(Amalthaea)也将满足他们所有的愿望。

感恩节的饮食

火鸡晚餐 正如在中国传统节日的饭桌上必然有它独特的风味一样(如北方春节的水饺、中秋的月饼等),传统的感恩节晚餐则包括:在一张节日的长桌上,点燃红红的蜡烛,摆几件只有在特别的时日与场合才出现的瓷器。然后在餐桌中央摆上感恩节的主食:金褐色的火鸡,周围放上各式各样的馅和肉汁,旁边放着切肉的刀子。这一切都会让站在旁边的人们食欲大增,同时也是对历史的一种回顾与纪念。

野火鸡在4世纪前的英国确实已经存在,但它们并不像今天在感恩节晚餐上的家养火鸡。野火鸡

非常善于飞翔,不易捕捉。因此就是生活在美洲的土著居民和起初的殖民者也不会把野火鸡当作首要的猎物。野火鸡生性顽强,甚至本杰明·富兰克林曾建议将它作为美国的象征物。后来还是秃头鹰得到了这样的荣誉,成了美国的象征动物。

感恩节晚餐　火鸡是在第一个秋天的丰收节就成为主要的食物,并在此后的感恩节上一直被列在感恩节晚餐的菜单之首。至于火鸡在起初就是感恩节食品中的一种,传说一直不一。据爱德华·温斯洛的文件记载,"他们出去狩猎,打回来5只鹿"。又说"我们的总督派4个人去打猎,他们在一天打回来的猎物,就足够所有人吃一个星期"。在这么多的猎物中,也许就有火鸡。但是当时狩猎的主要对象仍然是鸭和鹅之类,因为它们一般都是猎人们的第一选择。无论是殖民者还是美洲的土著居民,他们在感恩节的晚餐上都要再加上谷物、南瓜、马铃薯、洋芋(山药)以及小麦饼等等节日食品。但在当时果实明显不被喜欢。因为这些果实往往是生长在沼泽地,不易择取。所以虽然它们有丰富的营养,但选择的人非常少。

在今天的感恩节晚餐上,人们可供选择的食物越来越多,传统食物已不再是主要的内容。但火鸡仍是不可或缺的节日食品,其他还有鹅、鸭、火腿甚至是一些海鲜。还有甜马铃薯、豌豆、大米等绿色食品以及进口的蔬菜也逐渐成了庆祝感恩节和秋天丰收的食物。

在感恩节选择食物主要是代表对这幸运之年的感谢,对秋天丰收的感恩,亲戚朋友聚在一起分享自己一年来努力的成果。

火鸡节　感恩节的晚宴一直是美国人一年中最重视的一餐。为了这一顿丰盛的家宴,人们在几个月之前就开始了准备工作。家庭主妇们每年都精心设计餐桌上的食物,不仅在内容上丰富,在味道上可口,就是在摆设和色彩上也布置出新颖和温馨的氛围。餐桌上最吸引人的自然就是代表感恩节形象的典型传统食物——烤火鸡和南瓜饼。烘烤的火鸡往往要以面包当作填充料,可以吸收在烤的过程中流出来的美味汁液。烤火鸡也无疑成了感恩节大餐中的主菜。它象征着美国人民回忆他们的先祖们不怕困难、开拓进取的精神,表达纪念第一个感恩节的怀旧情绪。感恩节也就因此得了另外一个雅号——"火鸡节"。

除了火鸡与南瓜饼之外,感恩节桌上的果实还有:苹果、橘子、栗子、胡桃、葡萄、葡萄干布丁以及红莓苔和鲜果汁。

纽约曼哈顿街头的"摩西感恩节游行"。

在美国，庆祝感恩节的活动除了丰盛的节日食物，其他的传统节目有：游行、足球和圣诞节前夕的预备。

游行　感恩节游行虽然没有明文规定，但自从林肯总统宣布感恩节为公共假日之后，每年在节日期间举行游行就成了一个固定的习俗，游行的内容有彩车、化装的人群、音乐等。现在，一年一度的纽约"摩西感恩节大游行"已形成很大的规模。

圣诞节的预备　感恩节过后，紧接着的节日就是全年最大的节日——圣诞节。随着感恩节的结束，人们迎来的就是圣诞节购物狂潮的开始。这样的现象已经成了美国节日文化的又一象征，因此人们也习惯上称感恩节初过的日子为"黑色的星期五"（Black Friday）。

足球　感恩节赛足球的习俗纯属 20 世纪的新创。很多年来，足球赛一直是底特律狮子队与绿海湾工人队（the Green Bay Packers）之间主要的赛事。不过在今天的庆典中比赛才变得越来越普遍，也有越来越多的球队加入这样的活动。

如同中国人的春节，每当感恩节来临之际，美国人也都要家家团聚，举国同庆。届时，散居在他乡的人们都要赶回家过节，这已经成了一个全国性的习俗。

加拿大人的感恩节

感恩节的故事

加拿大人的感恩和它的南方邻国所庆祝的节日，非常有趣地密切相关。早在北美人第一次于 1578 年为发现新大陆而感恩之后不久，也就是在 17 世纪初叶，撒母尔·蒂·查培莱（Samuel de Champlain）与

法国的殖民者们一起创建了"Order of Good Cheer"这一组织,举行了盛大的秋收庆祝活动,并与邻国的土著居民一起分享了他们的食物。

加拿大人的第一个感恩节

加拿大人庆祝第一个感恩节是在1872年4月15日,为未来的国王爱德华七世大病痊愈而感恩,但以后的7年里都没有再庆祝过。直到1879年才开始于11月的一个星期四庆祝感恩节。

确定日子

如同在美国一样,加拿大感恩节的日子被最终确定也经历了一个非常艰难的过程。从1879年至1898年一直在11月的一个星期四举行。但从1899年至1907年则是在10月的一个星期四(其中1901和1904年除外,因这两年的感恩节也是在11月的星期四)。从1908年至1921年是在10月的一个星期一。从1922年到1930年感恩节在停战纪念日——11月11日星期一举行庆祝。1931年国会宣布恢复原来每年特选一天为感恩节,而避免与停战纪念日重复。

1957年1月31日,国会颁发了一个永久性的宣布:将每年10月的第二个星期一确定为公共节日——感恩节,目的是感谢上帝丰富的祝福,让他们度过了一个丰收的秋季。加拿大感恩节的庆祝活动与美国相似,一般包括游行和感恩节食品,如火鸡等。相同的庆祝主题仍是:感谢上帝在过去一年中的祝福。

12月

12月6日 圣尼古拉斯降临日

圣尼古拉斯降临日在每年的12月6日举行。圣尼古拉斯就是大家所熟悉的圣诞老人。圣诞老人诞生在荷兰。因此,每年按照传统习俗在圣尼古拉斯生日的前一晚(12月5日)开始举行庆祝活动。家家户户都会互相赠送礼物,通常人们会将礼物层层包裹,让人猜不出里面究竟是什么,以给对方一个惊喜。此外,大家还要团聚在一起吃姜饼。每年的11月中旬,圣诞老人会象征性地从西班牙乘蒸汽船来到荷兰,为荷兰人带来幸福的佳音。此时各火车站也都会举办各种活动,例如在阿姆斯特丹中央火车站,假扮的圣诞老人会带着他的黑仆彼得,给小朋友分发糖果,带领人们游行联欢,借此营造圣诞节前的气氛。晚上是孩子们最开心的时刻,他们会把崭新的长筒袜挂在家里的窗户、门口或壁炉上,里面放一张自己想得到的礼物单子。通常到了12月6日早上,孩子们就会在袜子里看到许多糖果和巧克力。这种风俗也影响了许多西方国家的圣诞节。

12月12日 瓜达卢佩圣母节

瓜达卢佩圣母节起源于墨西哥人民对瓜达卢佩圣母的偶像崇拜,是天主教与墨西哥土著宗教相互融合的典型事例。瓜达卢佩圣母原是西班牙牧师公会的保护女神,而托南琴则是墨西哥印第安土著的众神之母,后来纳瓦族、奥托米族的人们也把天主教的圣母玛利亚叫做托南琴(意为"我们的母亲")。

1531年,西班牙传教士为了在墨西哥更快地传播天主教,就把神话传说中的瓜达卢佩女神偶像传播到了墨西哥,宣布一位皈依天主教的印第安青年胡安·迪亚戈看到圣母三次显灵在特佩亚克圣殿山上,而特佩亚克圣殿山正是供奉托南琴女神的地方。于是西班牙传教士就根据胡安·迪亚戈所看到的启示,在托南琴女神庙的旧址上兴建一座庙宇,专门供奉一尊具有棕色皮肤的女神半身塑像——瓜达卢佩圣母像。从此,瓜达卢佩圣母便成为墨西哥新兴民族的保护神。

在墨西哥,对瓜达卢佩圣母的崇拜已成为墨西哥新兴民族文化认同的一个标志,也是促使民族形成和发展的重要凝聚力。1810年,多洛雷斯·伊达戈尔神甫就曾高举圣母像,反抗西班牙的殖民统治。具有棕色皮肤的瓜达卢佩圣母的形象就是天主教圣母玛利亚与墨西哥众神之母托南琴两者形象

墨西哥小丑协会在墨西哥城的瓜达卢佩教堂庆祝一年一度的瓜达卢佩圣母节——小丑"小面包卷儿"站在瓜达卢佩圣母像旁。

的有机结合。几个世纪以来对瓜达卢佩圣母的崇拜已成为墨西哥民族主义的象征。

瓜达卢佩圣母节其实是一个宗教节日,在每年的12月12日墨西哥的各地教堂都会举行宗教仪式。节日期间特佩亚克圣殿山上的瓜达卢佩圣殿前人头攒动,天主教信徒纷纷从全国各地带着祭品长途跋涉到此朝觐。朝觐者往往在离圣殿还有一段距离时就纷纷下跪,用膝盖叩着石板走路,直到圣像前。在往后的一个月时间里,人们还要身着盛装载歌载舞地举行庆祝活动。活动甚为热闹,都是个人按自己的方式来祭祀圣母。

12月13日 圣露西亚节

传说中露西亚是一个意大利西西里的小姑娘,在罗马帝国逼迫基督徒、大举捕杀基督徒期间的某年12月13日,她不惜冒着生命危险在深夜给藏在墓窟里的基督徒们运送食物和火种。不幸的是,她被罗马人逮捕了,而且还被称做"妖女",备受酷刑折磨,最后被处以火刑。由于她的英勇和爱心,死后被基督徒们称为圣露西亚。在意大利有以她的名字命名的教堂,在加勒比海的圣露西亚国,其名也是从她而来。后世的人们为了纪念她,就把每年的12月13日定为圣露西亚节。

一万个基督在波斯遇难 丢勒[德] 1508

可能是在黑夜时间很长、气候寒冷的北欧，人们更能感受到露西亚给受苦的人们所带来的饱暖吧。因此北欧的瑞典是世界各地圣露西亚节活动办得最早最热闹的地方。在瑞典的斯德哥尔摩，从12月13日那一天开始，漫漫长夜日渐缩短，而白昼则一天长似一天。从那天起到来年1月13日，斯德哥尔摩会举办长达一个月的盛大活动来赞美露西亚给人们带来光明。因为整个活动横跨了圣诞节和新年，所以更加丰富和热闹。在活动中扮成露西亚的可爱小姑娘头戴王冠，带领市民进行庆祝游行。其他的节目也都是重演露西亚的伟大事迹。在活动中，人们准备了丰盛的美食供他们享用：面包、蛋糕、炖肉、布丁、鲜鱼和特制的圣诞大餐等。另外12月13日还是瑞典女孩子的节日，这一天父母为女孩们祝福，把女孩们托付给象征光明和幸福的圣露西亚，以求得一生平安。

12月25日　圣诞节

圣诞节及圣诞节节期

　　每年的12月25日，是基督教徒纪念耶稣诞生的日子，称为圣诞节。皑皑的白雪，摇曳的烛光，坐在雪橇上背着礼物袋子的圣诞老人，温馨的圣诞贺卡早已经为我们所熟悉。作为西方国家一年中最盛大的节日，圣诞节是最具有喜庆色彩的，它带给人们的是温情和团聚，是对亲友的思念，也是对未来的祝福。从12月24日至翌年1月6日为圣诞节节期。节日期间，各国基督教徒都举行隆重的纪念仪式。圣诞节本来是基督教徒的节日，由于人们格外重视，它便成为一个全民性的节日，是西方国家一年中最盛大的节日，可以和新年相提并论，类似我国的春节。

　　圣诞节起源于基督教教徒对他们所信仰的圣子耶稣基督的诞生的纪念活动。其间的关系，由其英文名称Christmas(有时也简写为Xmas)就可见一斑，因为它就是由基督(Christ)和弥撒(Mass)两个词组成的，意为圣诞节这一天，教徒们要到教堂举行崇拜的仪式，以庆祝耶稣基督的诞生。

　　圣诞节的日期是在每年的12月25日，是基督徒

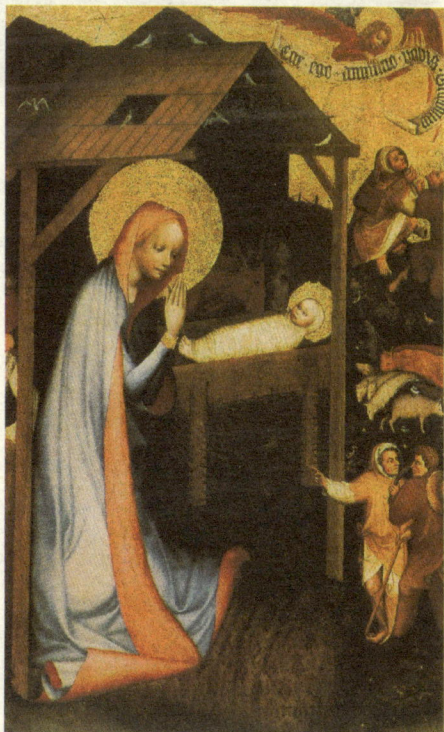

膜拜新生的耶稣
特热帮祭坛画 1930年前后

诞生   布歇[法] 1610

纪念耶稣基督诞生的日子。尽管大部分教堂都接受 12 月 25 日为圣诞节，但由于各地教堂所使用的历书不同，具体的日期并不能统一，于是就把 12 月 24 日到第二年 1 月 6 日定为圣诞节节期(Christmas Tide)，各地教堂可以根据当地的具体情况，在这段日期内庆祝圣诞节。而后来发展到人们都普遍将 12 月 25 日定为圣诞日，原来 1 月 6 日的主显节就只用来纪念耶稣的受洗了。而天主教会又把 1 月 6 日定为"三王来朝节"，以纪念耶稣出生时东方三王（也就是三位博士）对他的朝拜。也有一些地方的圣诞节节期较长，最长的从每年的 11 月 11 日就拉开了序幕，一直持续到来年的 2 月 2 日圣火节才算真正结束，整个节期持续 50 多天。

　　圣诞节历经两千多年的历史，发展到今天已经不仅仅是宗教节日，作为一种文化，更渗透着西方生活的方方面面。随着东西方文化交流的日益频繁与深入，圣诞节也渐渐地为东方人所了解，成了具有世界影响的重大节日。古老的华夏大地，圣诞节也不再是一个陌生的词汇。每年圣诞节节期的各种布置：流光溢彩的圣诞树、圣诞灯饰，笑容可掬的圣诞老人，形形色色的圣诞礼物，商场门口的圣诞小屋都在向你宣告圣诞节来临了。城市中的各种庆祝活动，也带给人们一种亦远亦近的节日心情。也许，圣诞文化对你仍多少披着神秘的面纱，笼罩着美丽的疑云。在这里，让我们来共同探索与发现。

圣诞节溯源

圣婴诞生的故事

　　当人们在欢庆圣诞节的时候，常常会想到一个问题：圣诞节怎么来的？这就要先从圣诞故事讲起了。无论是教会组织的演出还是圣诞节目，都不能缺少一位人物，那就是耶稣，他就是圣诞故事的主角。

　　在《圣经·新约》马太福音和路加福音中都记录了耶稣诞生的故事。两千多年前在犹大地的拿撒勒,居住着一位年轻的女子,名字叫做玛利亚。她为人善良,敬畏上帝。一天,天使迦百列告诉她说:"你要怀孕生子,可以给他起名叫耶稣。他要为大,称为至高者的儿子;主上帝要把他的位给他。"(《圣经·新约》路加福音第1章31~32节),于是玛利亚就从圣灵怀了孕。此时的玛利亚已经与一个叫约瑟的青年男子订了婚,他知道玛利亚怀孕的消息,就想暗暗地把她休了。正当此时,上帝的使者在梦中向他显现,并告诉他玛利亚的身孕是从圣灵来的,只管把她娶过来。约瑟醒来后就听从天使的吩咐,将玛利亚娶了过来。

玛利亚嫁给约瑟后不久,罗马皇帝恺撒·奥古斯都下了命令,进行人口普查,命帝国国民都要回到自己原来的地方报名上册。玛利亚也随着丈夫约瑟来到故乡伯利恒——耶路撒冷附近的一个小城登记。此时的玛利亚已经临近产期,但由于当时大家都去登记,伯利恒的客店都已经住满了人,夫妻二人只好歇在一个客店的马棚里,圣诞节的主人公耶稣也就降生在此客店的马棚里。玛利亚用布包着小耶稣,没有在马棚里找到干净的地方,只好把他放在了马槽里。

与耶稣自己诞生的地方以及家庭地位不相称的是,他降生的当天夜里,天使就来到伯利恒郊外的旷野向牧羊人报告了这一讯息,他们就欢天喜地地来朝见耶稣。另外,当时的东方有几位博学的贤士,发现天上有一颗新星,他们就在这颗星的指引下来到伯利恒,找到耶稣和他的母亲玛利亚,并献上所带来的黄金、乳香等贵重的礼物。

圣诞节的日子

那人们又是如何知道耶稣是出生在12月25日的呢?在基督教的传统中,早在公元127年至139年间,罗马有一位特里夫雷司主教就开始带领罗马的基督徒们借用12月25日来庆祝耶稣的降生。据说,今天罗马教堂里的一些圣诞节的庆祝仪式,就是当年他定下来的。其实耶稣具体出生在哪一天早已经无法考证,也一直没有定论。有人说耶稣是出生在3月份,也有人说是在11月份,可谓众说纷纭,莫衷一是。而我们现在一直沿用的12月25日,本来是当时罗马人所崇敬的太阳神密特拉的生日。密特拉原是印度的光明神。公元325年,在基督教一个非常重要的尼西亚大公会议上,最终做出了将每年的12月25日作为耶稣诞生的日子的决议。5年以后,罗马皇帝君士坦丁大帝又决定在全国范围内不再在12月25日纪念太阳神密特拉,而是作为庆祝耶稣诞生的日子。直到公元381年,狄奥多西一世时,才最后将纪念耶稣诞生的日子定为每年的12月25日。其间历时竟达56年之久。

圣母领报　　　　　　**罗赛蒂[英]**

111

圣诞节的多元文化

今天，许多人都知道圣诞节是庆祝基督教中耶稣基督诞生的节日，一般将此圣诞节看成是纯基督教式的西方节日。而对于圣诞节的多元文化色彩，就鲜为人知了。将圣诞节定于12月25日本身就首先说明了它与当时罗马异教——密特拉教相关，因为这一天是密特拉教崇拜太阳神的日子。而罗马的密特拉教又来源于古印度——伊朗的一种神秘宗教，约产生于公元前2000年，于公元前67年传入罗马，后来成了在罗马帝国时期最为流行的秘密宗教之一。此宗教在当时也传到了多瑙河与不列颠一带。密特拉教虽然因为基督教在罗马的兴起而逐渐衰微，但它的一些礼仪与习俗却在基督教的节日——圣诞节中流传了下来。下面是著名人类学家弗雷泽就密特拉对圣诞节的影响做出的精辟的分析：

"在朱利安·恺撒订定的儒略历里，12月25日是冬至，它被认为是太阳的诞辰，因为从这一天起，白昼时间长起来，太阳的能量在一年中的这个转折点上开始增强。在叙利亚和埃及，举行诞生节的仪式，那是很动人的。纪念者躲在某个内殿里，到了午夜，他们从里面跑出来，高声喊道："童女分娩了！光亮加强了！"埃及甚至拿一个婴儿偶像代表新生下来的太阳，他们在太阳的生日，即冬至的时候，把婴儿偶像拿出来给信徒们看。毫无疑问，在12月25日怀孕生子的这个女童就是闪族称为"天上的童女"，或直称为"天上的女神"的那个东方大女神。密特拉的崇拜者一般把她当做太阳，他们称她是"不可征服的太阳"；因此她的生日也在12月25日。基督教四福音书里根本没有提到基督的生日，因此早期的基督教徒并不纪念基督诞辰。不过，到后来，埃及的基督教徒把1月6日当作耶稣的生日，在这天纪念救世主的生日的风俗逐渐传开来，到了4世纪就在东方普遍地固定下来。但是在3世纪末4世纪初的时候，西方教会（过去从来没有承认1月6日是基督诞辰日）才把12月25日定为基督诞生的日子。后来这个决定也为东方教会所接受。

这可以说是一个典型的东西宗教文化交融的例证。

弗雷泽又对圣诞节的起源与东方宗教的关系作了如下的分析：

基督教会当时确立圣诞节究竟是如何考虑的呢？一位叙利亚的基督作者做了这样的见证："神父之所以把1月6日的纪念改在12月25日，原因是这样的：异教徒有一个风俗，就是在12月25日纪念太阳的诞生，在这天他们点上灯作为节日的标志。基

耶稣的变容　　　　　　　　　　　　乔瓦尼·贝利尼[意] 1487

督教徒也参加这些仪式和节日活动。因此,基督教会的长老们见到基督教徒也想过这个节,他们就开了一个会,决定真正的基督诞生节应该在这一天举行,而主显节则在1月6日。因此,和这个风俗一起,点火一直点到6日的做法就流行起来。教会的古教父奥古斯丁也曾因为圣诞节起源于异教而劝诫他的基督教教友们,不要像异教徒一样为了太阳在12月25日出生庆祝这个节日,要为了那位创造太阳的人(基督)而庆祝它。其中利奥大帝认为圣诞节是为了所谓新太阳的出生而举行的,并不是为了基督的诞生。

由此可见,圣诞节的形成很明显就是一个东方异教祭拜太阳神的日期与礼仪移植到基督教节日之中的一个过程。反过来,也正是因为基督教在自身的发展中不断吸收了来自不同民族的文化传统,才使得基督教节日及其习俗的内容越来越丰富。它既独具自己的特色,又更容易被越来越多的民族接受。

圣诞节的多种习俗

圣诞节公猪与谷精

圣瑞典人和丹麦人过圣诞节都要烤"圣诞节公猪",它是烤得形状像猪的面包,并且这些猪形面包一般要用收获时地里最后一捆麦穗做出来。在整个圣诞节期间,"圣诞节公猪"将一直被供放在桌子上,直到来年春天播种的季节。这时,人们就把"圣诞公猪"切碎,一部分与谷种相混种到地里,剩下的则分给耕田的人、马或牛吃掉,以此希望谷物获得丰收。这种习俗把猪看成了谷精的化身,谷精往往是隐藏在最后的一捆谷物里,所以用这一捆谷物做成的"公猪"就象征着谷精的再现。供奉"圣诞节公猪"并且再让耕种的人或牲畜吃下去,相传能加速谷物的生长,获得来年的丰收。

另外,生活在奥塞尔岛上的爱沙尼亚人也有类似的习俗。他们习惯在圣诞节前夕烤制一个长麦饼,饼的两头翘起,也被称为"圣诞节公猪"。此"猪"也一直要供放到元旦的早上再分开给家里的牲口吃。当然,在岛上也有的地方的圣诞节公猪是真的,不用麦饼代替。每年3月份产下的小猪在家中由主

收获　　　　　　　　　　　勃鲁盖尔[佛兰德斯] 1565

妇偷偷饲养，往往是一家人都不知道，直等到圣诞节前夕，悄悄把猪宰了，完整地供在桌上。

爱沙尼亚有些地区的人们，在收获时将第一批割下的黑麦做成圆锥形的圣诞节公猪。用猪骨头或钥匙在上面印一个十字，或者用扣子或木炭在里面刻三个凹痕，然后把它供在桌上，桌上同时点燃一盏灯烛，直到节日过后。在元旦和主显节(1月6日是基督徒纪念耶稣显现的节日)两个早上，须在日出之前，从圆饼上切下一小块来掰碎后喂牲口。剩下的继续保留到春天第一次给牲口放青时，牧人先要将其放在口袋里带出去，等到晚上回来后再分给牲口吃，人们认为如此就可以保护牲畜免受邪魔的侵害。还有的地方人们在播种大麦时把这种圣诞节猪分给雇工和牲口吃，目的也是为了祈求谷精的精力能够持续或更新，也希望来年能再有一个好的收成。

北欧民间风俗中把想象的谷精转化为动物形象，这类风俗清楚地表明"收获晚餐"具有圣餐礼的性质。人们认为谷精化身为一种动物，收获者杀掉这种动物，并分享它的肉和血(吃掉做成特定形状的面包)，圣诞节猪只是其中的一种，人们想象中的谷物转化的动物还有狐狸、鹿、獐、羊等多种。

这种在圣诞节供奉圣诞猪的习俗，说明了圣诞节不仅是基督教徒在教堂之内举行的节日，在偏远的乡村里它还反映了农耕文明的生活方式，也反映着农耕人群思维方式的民风民俗。总之，圣诞猪仪式为圣诞节的宗教性庆祝活动更增添了丰富的文化内容。

圣诞柴与火

圣诞柴原是为了帮助仲冬生出的太阳再点燃它似乎要熄下去的火光，因为这一天的白昼是最短的，人们认为太阳在一年里的最短的一天同时又是重新复生的一天。然后它的光和热就会一天天增长，直到在仲夏时达到最成熟的程度。作为代替古老异教太阳诞生节的基督教的圣诞节，自然也就延续原来太阳诞生节的一些习俗,其中的对火与生火的柴的崇拜就是明显的例证。在欧洲,人们传统上对火与柴有着许多神秘的信念。比如人们认为篝火促进增殖效力并不限于植物,对动物也是一样。爱尔兰风俗中把不孕的牛从仲夏火中赶过,希望它因此能够恢复生育能力而有新生命的诞生;法国人则认为把圣诞柴浸在水里能够帮助母牛产崽。法国与塞尔维亚人都认为圣诞柴迸出多少火星,他们就有多少小鸡、小牛和小羊,故希望圣诞之火永不熄灭。火的仪式也寓意着用火去掉污浊和罪恶,同时也融入了祝福、企盼和希望。

圣诞报佳音

传统上圣诞夜是指12月24日夜至25日晨,圣诞节的庆祝活动是从24日晚开始。在一些西方信奉基督教的国家里,教会都要在圣诞夜组织圣诗班从午夜开始挨家挨户进行访问,并且每到一家都要唱圣诞歌曲,其中《平安夜》是歌唱的主要颂歌之一。这种庆祝方式就叫"报佳音",重现当年耶稣降生的那个晚上,天使向牧羊人报告耶稣降生的信息时的情形。每次报佳音的唱诗班唱完赞美诗之后,这家的主人就会把他们请进房屋以茶点招待。然后,这家的主人也会加入报佳音的队伍去下一家报佳音。如此一来,报佳音的队伍就越来越大,人数越来越多,歌声也越来越响亮,人们的兴致逐渐高涨,到最后歌声与笑语响彻圣诞夜的夜空,整个城市在人们的节日快乐中迎来圣诞节的黎明。

圣诞老人

圣诞老人是除了耶稣之外的最为重要的人物,也是圣诞节最有象征意义的形象,特别是在今天的商业社会中。他代表着慷慨大方、乐善好施。他是圣诞节活动中最受欢迎的人物。西方儿童在圣诞夜临睡之前,要在壁炉前或枕头旁放上一只袜子,等候圣诞老人在他们入睡后把礼物放在袜子内。也正是随着圣诞老人形象的变化与发展,圣诞节的宗教色彩越来越淡,最终成为世俗的、公众的节日。而在西方,扮演圣诞老人也是一种习俗。

对于圣诞老人,他的词语的演变有一个过程,其传说也有不同的版本,美国人称他为 Santa Claus,英国人则叫他 Father Christmas。不同的国家和地区都流传着不同的有关圣诞老人的传说。

历史上的圣徒

根据历史学家的考证,圣诞老人与一位真实的历史人物有关,这个人叫尼古拉斯(Nicholas)。他是4世纪小亚细亚米拉的一位主教,就在今天的土耳其境内。尼古拉斯年轻的时候,就从死去的父母那里继承了一大笔遗产。人们传说,当时有一户人家有三个女儿,因为家境贫穷,没有钱购买嫁妆,以致无法出嫁。尼古拉斯得知此事后,每次经过这户人家时,就悄悄地从窗口向里面扔一小袋金币。有了这些金币,女儿们都如愿嫁给了心爱的人,过上了幸福的生活。尽管后来姑娘们的父亲知道了送钱的人是尼古拉斯,但他不愿意让人知道他的名字。

据说，圣诞节秘密送礼物的习俗就是从这时开始的。

尼古拉斯的故事不断地被人传讲，他也很快成了传奇式的人物。他不但乐善好施，而且具有魔力，能够起死回生。尼古拉斯将钱全部捐献出去以后，就进了修道院，后来成了主教。他笃信耶稣基督，曾被罗马统治者关进监狱。直到罗马皇帝君士坦丁归信基督教后，他才终于获得自由。尼古拉斯后来被天主教奉为圣人，12世纪欧洲将他的生日12月6日定为尼古拉斯日，以互赠礼物和慈善活动为主。德国、法国、荷兰则将12月6日作为宗教纪念日，给孩子和穷人们赠送礼物。

11世纪末，来自意大利的宗教士兵将圣人尼古拉斯的遗物带回意大利，并在港口城市巴里建造了一座教堂来纪念他。很快世界各地的基督教徒纷至沓来朝圣这位圣人。这些来自欧洲和东方各国的朝圣者将圣人尼古拉斯的故事带回他们的本土，并赋予其本国的特色，所以有关圣诞老人的传说在各个国家都各具特色。无论如何，圣人尼古拉斯的仁慈和慷慨是不会改变的。

传说里的神

圣诞老人的传说在数千年前的斯堪的纳维亚半岛即出现。在北欧神话中，掌管智慧、艺术、诗词、战争的奥丁神，每到寒冬时节，就乘上他那8匹马拉的战车驰骋于天涯海角，惩恶扬善，分发礼物。与此同时，他的儿子雷神就穿着红衣以闪电为武器与冰雪诸神昏天黑地恶战一场，最终战胜寒冷。传说，圣诞老人就是奥丁神后裔。每年的圣诞节，圣诞老人都骑着白马，戴着皮帽，披着斗篷，乘风而来。

许多国家都保存了他们自己有关圣诞老人的风俗和传说。在荷兰的传说中，圣诞老人还带了一个叫布莱克·彼得的助手，乘着一艘船于12月6日到来。他带着一本大书，书中描述了所有荷兰小孩在过去一年中的表现。表现好的小孩就送礼物给他们，表现不好的小孩便让他的助手带走，从此不知下落。

在德国，传说他扮成圣童把坚果和苹果放在孩子们的鞋里。他乘双轮马车四处漫游，观察人们的行为，尤其是小孩，如果表现好，将会得到苹果、坚果、糖等诸多奖品；坏孩子则要抽一鞭子，以示惩罚。家长们灵机一动，纷纷采用此传说来鼓励孩子们听话。圣诞节大大超过了新年，成为一个全民的节日。圣诞老人已经成为圣诞节最受喜爱的象征和传统。他赶着驯鹿，拉着装满玩具和礼物的雪橇挨家挨户给每个孩子送礼物的快乐老精灵的形象已深深地留在人们的记忆中。

因这些故事大多弘扬基督爱的精神，其出处、故事情节大多被淡忘，然而圣诞老人却永驻人们的精神世界。每年圣诞日，圣诞老人骑在白羊星座上，圣童手持圣诞树降临人间，随着世事变迁，作家和艺术家开始把圣诞老人描述成我们今日熟悉的着红装、留白胡子的形象。同时不同的国度和文化对圣诞老人也有了不同的解释。

圣诞老人的形象

荷兰殖民者来到美洲时,将他们的 Sintirklass 主教也带了去,Sintirklass 身着红袈裟,骑着一匹白马。Sintirklass 的美国形象后来逐渐演变成一个快乐的老精灵。起初美国作家华盛顿·欧文在他的喜剧《纽约的历史》中将他描述成一个又圆又胖的荷兰老人。1823 年,诗人 Clement Moore 在他的诗歌《St.Nicholas 印象》中继续将 Sintirklass/Saint Nicholas 的形象戏剧化,这就是各位在本篇开头看到的圣诞老人。

19 世纪 60 年代卡通制作者 Thomas Nash 画了一幅胖胖的、慈祥的圣诞老人作为《Harper 的一周》的插图。这个圣诞老人的形象开始深深地扎根于美国人民的脑海中。随着时间的推移,圣诞老人的形象传回欧洲,传到南美洲,传遍世界各地。

由于民间有关尼古拉斯的传说中都联系到少年儿童和礼物,从此,圣诞老人便成为专门在圣诞节向孩子们送礼物的慈祥老人的形象。到了 18 世纪,通过文学和绘画,圣诞老人逐渐成为身穿红外衣的白胡子、白眉毛的老人形象。

圣诞树

据称,圣诞树最早出现在古罗马 12 月中旬的农神节,德国传教士尼古斯在公元 8 世纪用枞树供奉圣婴。随后,德国人把 12 月 24 日作为亚当和夏娃的节日,在家里放上象征伊甸园的"乐园树",上挂代表圣饼的小甜饼,象征赎罪;还点上蜡烛,象征基督。

到 16 世纪,宗教改革者马丁·路德,为求得一个满天星斗的圣诞之夜,设计出在家中布置一棵装着蜡烛的圣诞树。不过,西方关于圣诞树的来历流行着另一种说法:有个善良的农民,在圣诞节那天,热情地招待了一名流浪的孩子。临别时,孩子折下一根树枝插在地上。树枝立即长成大树,孩子指着这棵树对农民说,每年的今日,树上都长满礼物,以报答你们的盛情。所以,今天人们所见的圣诞树上总是挂满了小礼物。

圣诞树一直是庆祝圣诞节不可少的装饰物,如果家中没有圣诞树,就大大减少了过节气氛。关于圣诞树的来源有多种不同的传说。

其中一个是说:大约在 16 世纪,圣诞树最先出现在德国,德国人把常青的松柏枝拿到屋中去摆设,使之成为圣诞树。后来,德国人马丁·路德把蜡烛放在树林中的枞树枝上,然后点燃蜡烛,使它看起来像是引导人们到伯利恒去朝拜。而至今日,人们已经改用粉色的小灯泡了。

圣诞树真正出现在圣诞时,首先见于德国,之后又传入欧洲和美国,并以其优美的姿态,成为圣诞节不可缺少的装饰。圣诞树的种类繁多,有天然松柏圣诞树,也有人造圣诞树及白色圣诞树。每棵圣诞树上都挂满琳琅满目的装饰品,但每棵树的顶端必定有个特大的星星,象征三博士跟随该星而找到耶稣,而且也只有该家庭的一家之主才可以把这棵希望之星挂上。

圣诞大餐

圣诞节作为一个隆重节日,不能少了美味食品。圣诞节火鸡大餐就是招牌菜了,以前的人们或许会用微波炉自己做,现在的人们过节大多在外面餐馆里用餐了。商家们也会利用这个机会赚顾客们的钱。当然还有许多圣诞节食品,如姜饼、糖果等等。

圣诞晚会

这是圣诞节必不可少的节目,有家庭式的、朋友式的、情人式的。它是友情、亲情、爱情聚会的好时光。戴着圣诞帽,唱着圣诞歌,说说大家圣诞的愿望。

圣诞帽

那是一顶红色帽子,据说晚上戴着它睡觉除了睡得安稳和暖和外,第二天你还会发现在帽子里多了点心爱的人送的礼物。在狂欢夜它更是全场的主角,无论你到哪个角落,都会看到各式各样的红帽子,有的是帽尖发亮,有的是金光闪闪的。

圣诞袜

最早以前是一对红色的大袜子,多大都可以,因为圣诞袜是要用来装礼物,小朋友最喜欢的东西的,晚上他们会将自己的袜子挂在床边,等待第二天早上收礼物。要是有人圣诞节送小汽车那怎么办? 那最好就叫他写张支票放进袜子里好了。

圣诞节花卉

圣诞节最佳的装饰品之一就是鲜花。传统上人们喜欢将五颜六色的花悬挂在门旁或是置于厅堂居室,以示节日的吉祥与快乐。圣诞节传统的花卉首属艳红似火的圣诞花和风信子。

圣诞花 又叫一品红、猩猩木,是落叶灌木,原产于拉丁美洲、墨西哥热带地区,性喜温暖湿润的环境。圣诞花从 10 月初可以一直开到翌年春节,观赏期长,是冬季居室布置理想的花卉。此花植株下部的叶片全为绿色,上端的叶片开始也是绿色,但入秋后转而变红。真正的花呈杯状,其貌不扬,不太引人注目。但它的苞片却艳丽鲜红,完全吸引了人们的目光,使人有"叶满丛深殿似火,不唯烧眼更烧心"之感。

所以这苞片常常被误认为就是圣诞花的花瓣。圣诞花也经常被喻为拿破仑出征的红缨,象征着挑战、突破和胜利。

圣诞玫瑰 有时又被称做雪玫瑰或冬季玫瑰,它生长在欧洲中部的山区,寒冬时节开放,也是一种在圣诞节常常用来点缀居室的植物之一。关于圣诞玫瑰有一个动人的故事。

相传在很久以前,有一个叫曼德娜的牧羊女。在一个深冬的夜晚,正当她放羊之时,那从东方来的几位博士以及其他的牧羊人都带了礼物,去朝见圣婴了。他们带了许多礼物,博士们带着金子、没药和乳香,牧羊人也带了水果、蜜糖等。但可怜的曼德娜却一无所有,拿什么送给圣婴呢?就连一束花也没有,于是她因心急而哭了起来。此时一位天使正好路过,看到伤心的曼德娜在掉泪,起了同情之心,天使吹开地上的雪,地上立即长出一束美丽的花。它一身洁白,只有最上面的蕊尖是红色的。天使将它送给了牧羊女,这束鲜花正好表达了牧羊女对圣婴忠诚与热烈的感情。这就是圣诞玫瑰。

风信子 风信子又名洋水仙、五色水仙,属多年生草本,鳞茎球形。叶呈带状,肥而厚。花茎中空,高约15厘米到40厘米;花序上部密生钟状小型花10朵到20朵,有单瓣或重瓣。色彩多样,有白、粉、红、蓝等。风信子花型饱满而密实,香气浓郁而芬芳。在严寒的冬季向人们传播着春天的气息,"深红浅紫从争发,雪白鹅黄也斗开"。风信子一般象征胜利。不同的颜色又有不同的意义:

粉色——欣慕,浪漫   红色——我感动的爱

蓝紫——忧郁的爱   黄色——与你相伴很幸福

白色——不敢表露的爱

除了这些传统的圣诞节花卉之外,还有芬芳的多彩的郁金香、海莫芋、美女樱、桑寄生等,一些冬季花卉也越来越受人们的欢迎。

圣诞卡

圣诞卡属于节日的赠品,以此向亲友们表达良好的祝愿。世界上第一张圣诞卡诞生于1843年,由英国皇家科学院著名科学家约翰·霍斯利设计而成,当时只印刷了1000张,很受欢迎。圣诞卡流行于20世纪初,从乔伊斯·霍尔设计出了形式多样、内容丰富的贺卡并大量发行之后至今,每年从11月底开始,西方国家大多数的商店和电台便开始播放圣诞音乐,这似乎是在提醒人们,圣诞节到了,该寄卡祝贺亲友们了。所以每到此时,各大商场品种各异的圣诞贺卡琳琅满目,让人目不暇接。精巧别致的圣诞卡片带着亲切的问候,给严寒的冬天带来暖暖春意,也给人们的生活送去片片友谊。

圣诞贺卡根据文字内容和发卡人的意图可分为四类:

A.问候卡:在单位、部门或商界之间送发的一种纯属节日问候的贺卡。

B.祝贺卡:为亲友、同事和同学之间互祝节日快乐之用,是一种使用最广泛、形式最多样、印量最大的一类卡片。

C.联系卡:平时很少来往,只有在圣诞节才送一张卡片,表示问候,保持联系。

D.致谢卡:主要是向那些曾经帮助或关心过的人,或是曾在你生日以及节日送过礼物的人表示谢意。

圣诞礼物

据《圣经》记载,来自东方的圣人在耶稣降生的时候赠送礼物,这就是圣诞老人为儿童赠送礼品习俗的由来。英国少年儿童在圣诞前夕把长筒袜子放在壁炉旁,相信圣诞老人在夜里会从大烟囱下来,给他们带来满袜子的礼物。法国的少年儿童把鞋放在门口,让"圣婴来时把礼物放在鞋里面"。

圣诞颂歌

圣诞节时唱的赞美诗称为"圣诞颂歌"。圣诞颂歌很多,曲谱多取自著名音乐家的名作。经常唱的有《普世欢腾,救主下降》(Joy to the World!)、《天使歌唱在高天》(Angels We Have Heard on High)、《缅想当年时方夜半》(It Came be Midnight Clear)、《美哉小城,小伯利恒》(O Little Town of Bethlehem)、《牧人闻信》(While Shepherds Watched Their Flocks)、《远远在马槽里》(Away in the Manger)、《荣耀天军》(Angels, from the Realms of Glory)、《听啊,天使高声唱》(Hark! the Herald Angels Sing)、《圣诞钟声》(I Heard the Bells on Christmas Day)等等,其中以《平安夜》(Silent Night)最为有名。

据说,1818年在奥地利一个名叫奥本多夫的小镇上住着一个默默无闻的乡村牧师——莫尔。这年圣诞节,莫尔发现教堂里管风琴的管子被老鼠咬坏了,修理已经来不及了。怎么庆祝圣诞呢?摩尔为此闷闷不乐。他忽然想起《路加福音》里记载着,耶稣降生时,天使向伯利恒郊外的牧羊人报佳音后,高唱颂歌:"在至高之处荣耀归于上帝,在地上平安归于他所喜悦的人。"他灵机一动,根据这两句经文写成一首赞美诗,取名《平安夜》。

莫尔写好歌词后拿给本镇小学教师格鲁伯看,请他谱曲。格鲁伯读完歌词很受感动,谱好曲,第二天在教室里演唱,大受欢迎。后来有两个商人路过这里,学会了这首歌,他们为普鲁士国王威廉四世演唱,威廉四世听后大加赞赏,下令把《平安夜》定为全国教堂过圣诞节时必唱的歌曲之一。

《平安夜》的故事(一) 1818年12月23日晚上,在奥地利萨尔扎赫河畔的奥本村里,有一只老鼠大胆地溜进村里古老的圣尼古拉斯教堂风琴楼厢里。这只饥寒交迫的小东西东跑西蹿,到处咬噬,终于干下了一件"影响深远的大事",导致了一曲脍炙人口的圣诞赞美诗的诞生。

翌日清晨,一位身穿黑色礼服大衣的人走进教堂,径直来到风琴旁边坐下。此人名叫弗兰兹·格鲁伯,正当31岁,有着一头黑发、高高的鼻梁和一双富有感情的眼睛。他虽然默默无闻,但在这偏僻地区很受村民尊敬。因为他是本村的小学教师,又是圣尼古拉斯教堂的风琴演奏家。

他坐下来,踩着踏板,按下了琴键。可是风琴只发出几声呜咽似的微弱气息。

当格鲁伯正要俯身去察看究竟时,他的好朋友约瑟夫·莫

尔来了。莫尔是个教士，也是一位音乐家。奥本村教堂的正式神父还不曾被派来，莫尔是临时被派来顶替这个职位的。

格鲁伯见他张皇，不觉一怔，连忙问道："天主降福！什么事儿，约瑟夫？"那位年轻的代理神父举起双手，做出一副绝望的神态，并示意让朋友起来跟他走。

莫尔领着格鲁伯走到楼厢里的风琴键盘后面，指着鼓风的皮风箱上的一个大洞说："今早我发现这个洞，一定是老鼠咬破的。现在一踏下去，什么声音都没有了！"

格鲁伯仔细地检查了风箱上的那个洞。圣诞之夜做弥撒而没有风琴奏乐，简直是不可思议的事！他禁不住喊道："真该死！现在可糟了，我们该怎么办呢？"

"有办法，"莫尔神父有点腼腆地说，"我写了一首短诗，倒可以作为歌词凑合着顶用一下的。"接着他又严肃地说道，"这可不是'那一类'的歌呀。"

格鲁伯看见他的朋友这么激动，不觉微笑起来。因为大家都知道，莫尔的确很喜欢"那一类"的歌——就是当农妇和船工欢饮时，在齐特拉琴伴奏下所唱的那种所谓粗俗的民歌小调。

圣母与圣子　　　　　拉斐尔[意]

这种东西往往引起那些固执守旧的虔诚教徒的不满，使得一些道貌岸然的长老们大皱眉头。

格鲁伯拿起莫尔所写的诗读了头几段，顿时觉得好像有一股奇异的灵气贯穿脊梁。这的确不是"那一类"的歌。它好像是抓住了他的心，温和淳朴并且动人地向他诉说。他从来都未曾这么深刻地感动过。他耳边隐隐响起了这些诗句的乐音。

莫尔几乎是抱歉地说："我只是这么想，既然我们的风琴已经不响了，那么你是否可以用我们的吉他琴给这东西配个曲，也许还可以搞个小小的童声合唱队来唱唱……你看怎么样？"

格鲁伯说："好呀，好，好！也许我们可以这样做。给我吧，我拿回去看看是否能把曲子写出来。"

格鲁伯踏着地上的积雪，漫步走回安斯村。他一路上沉浸在他的乐曲构思中。

MERRY CHRISTMAS

121

圣家族　　　　　　　　　　　　　　　　布隆齐诺[意] 1535

平安夜，圣善夜，

万暗中，光华射，

他就像耳聋的贝多芬一样，在内心深处听见了所有的旋律：

照着圣母也照着圣婴，

多少慈祥也多少天真，

静享天赐安眠，

静享天赐安眠。

他准备写给童声合唱的曲调已在脑际回荡。他回到他那简朴的住房，坐在他那古老的钢琴边，面对墙上挂着的十字架，终于谱写成了完整的歌曲。

那天下午，莫尔的书房里聚集了12名男孩和女孩。他们穿着羊毛长袜、外套和裙子，整齐而漂亮。他们并排站在一圈圈的冬青花环下，益发显得生气勃勃。

排练开始了，格鲁伯和莫尔各自弹起他们的吉他琴，不时满意地对视微笑。开始时，大家对歌曲不甚熟悉，弹唱都嫌粗糙了些。第三部分也不太妥当，但很快便改好了。行了，这歌曲终于完成了。

圣诞夜，教堂里点燃的几百支蜡烛，在光洁的金盘碟和圣餐杯上映辉争耀，给那些僵硬呆板的哥德式圣母态像，赋予了盎然生气和温柔慈祥的风采。教堂里到处都用青松、万年青和圣浆果等装饰起来。全体教徒挤坐在长条硬板凳上。男人们穿着臃肿的羊毛外套，妇女则被披上了醒目的围裙和彩色的披巾。

当莫尔和格鲁伯提着他们的吉他，随着12名男女儿童走上圣坛前时，惊讶的群众顿时轰动起来。格鲁伯向他的乐队微微点头示意，琴弦便拨响了。接着，莫尔神父的男高音和格鲁伯先生的男低音，便和谐地共鸣着响彻那古老的教堂。

于是，流传久远的圣诞赞美诗《平安夜》便这样首次被人唱出来了。然而，第二天也就被人们忘记了。当时参加圣诞弥撒的教徒之中，谁也不曾料到这首歌后来竟会风靡世界。

后来仅仅是由于一次偶然的机会，才使这一杰作得以免遭淹没的命运。第二年春天，从齐勒塔尔来了一位风琴修理师，卡尔·毛拉赫。他在闲聊中随便问起：既然风琴坏了，那么你们是怎样进行圣诞弥撒的？格鲁伯这才提起那曲子的事，他说："这是个不值一顾的东西，我甚至已忘记把它塞到哪里去了。"在教堂的后部有一个小橱，里头塞满了尘封已久的乱纸。格鲁伯从这里找到了那首曲谱。

那风琴修理师看着乐谱，微微动着双唇，从他那宽阔的胸腔里哼着这调子："有意思。"他轻轻地说："可以让我带回去看看吗？"

格鲁伯大笑起来："行，行，你尽管拿去就是了。再说，你把琴修好后，这东西就更加是一点用处都没有了。"毛拉赫走后，格鲁伯也就忘了这件事。然而《平安夜》却在可爱的齐勒塔尔山中回响，并且从此开始了它远播世界的历程。

这歌曲作为民间音乐，从奥地利传到了德国。它越过国界，随着德国移民远涉重洋，传播各地。但直到不久前，莫尔和格鲁伯才被公认是这首歌曲的创作者。他们当时什么都没有得到，他们死时仍和生时一样贫穷。但是，格鲁伯的那具古老的吉他琴至今仍在为他歌唱，它已成为传家宝，被格鲁伯家代代相传。现在，每逢圣诞夜，人们便要把这吉他琴带到奥本村去。而世界各地的教徒们，则再次齐唱这首为人喜爱的圣诞赞美诗——《平安夜》。

《平安夜》的故事(二) 奥地利靠阿尔卑斯山的地区，出了不少的乡村诗人，奥地利人本是爱好音乐的民族。他们大部分的人民信仰耶稣基督。所以每到圣诞节，在这崇山峻岭的一些小镇和乡村里，许多歌唱世家的男女，像中古世纪的吟游诗人，不断地把圣诞歌的词句和乐曲，加以改进或创新。他们很多人，长于弹奏乐器，而且几个人聚在火炉边，就能当场做出新的圣诞歌，成了后来圣诞歌的宝藏。有一些歌曲，也许当时唱唱或唱过一两年，就被新的圣诞歌所取代了。但是其中的一首，不但流传下来，而且是世界最出名的圣诞歌，它就是大家熟悉的《平安夜》。

据说这首圣诞歌，是阿尔卑斯山下沙司堡的牧若瑟神父在1818年撰写的歌词，曲子则是乐师弗兰兹·格鲁伯所作的。不幸它在那乡村圣堂歌咏团的抄写本中，埋没了10多年。后来，被一位喜爱音乐的人发现，就把这首圣诞歌带到城里的音乐会上演唱，非常受人欢迎。于是，渐渐地流传到奥地利各地，再传到了德国。1839年，这首圣诞歌传进了美国，不到几年工夫，就普遍得到人民的喜爱。再经过著名歌唱家的演唱、电台的播放，这首圣诞歌——"平安夜"，普遍地流传世界，而且各国都有翻译的歌词。不管是

不是基督徒，几乎都熟悉这首《平安夜》，聆听的时候，会哼唱起来。

关于《平安夜》这首圣诞歌词句和曲子的写作，有不少的传说，下面所介绍的故事最为动人美丽。

原来在沙司堡附近的一个小村，住着音乐师弗兰兹·格鲁伯和他的妻子亚纳，他们有个天真活泼的儿子小弗兰兹。格鲁伯在牧若瑟神父的学校里，教授音乐；主日则在教堂中领导圣歌队。每晚他回到家里，喜欢坐在院子里的大树下面，弹琴作曲，一家三口过得幸福快乐。不幸的是，1818年秋天，可爱的小弗兰兹突然因病去世，这一家顿时失去了欢乐，格鲁伯夫妻二人再也没有笑容。这年圣诞夜，格鲁伯独自去圣堂，参加子夜弥撒，他的心再也不像以前那样的活跃欢欣。圣诞节的欢乐，似乎跟他没关系了。弥撒结束以后，格鲁伯匆匆地回家，路边传来儿童们的歌声、嬉笑声，他的心更为沉重。进了家门以后，一片凄凉。他呼唤妻子的名字，妻子没有回答。点上灯，看到妻子亚纳趴在小弗兰兹以前睡过的床边抽泣。格鲁伯再叫她，她还不理。格鲁伯无奈地叹口气，只好拿起乐器来，想演奏乐曲，来排解妻子的悲伤。

当格鲁伯打开琴盖，一张字条掉在地上。他捡起来一看，原来是前几天，牧若瑟神父所写的《平安夜》歌词，要他配上乐曲，由于思念小弗兰兹而忘了这事。这时候，窗外的夜色寂静，格鲁伯联想到过去的一切，就坐在灯台前的椅子上，面对着妻子，开始谱《平安夜》的曲子。他边谱边弹唱。这时候，妻子亚纳听到美妙的歌曲，忘记了其他，慢慢走近丈夫格鲁伯身边，流着眼泪说："亲爱的格鲁伯，求天主宽恕我们吧！现在我明白了天主的圣意，小弗兰兹的去世，我们不该悲哀，应当喜欢！因为你弹唱的时候，我仿佛看见一大群小天使，来到我们的房子里，小弗兰兹夹在中间，随着他们快乐地唱着：'救世主诞生了！'"

《平安夜》的曲调和歌词搭配得天衣无缝，聆听的人，不论是否基督徒，都为之动容。如果说它是世界上最美妙动人的歌曲之一，相信是没人反对的。

此外，有条件的教堂每年圣诞节时还会演唱德国著名音乐家亨德尔的《哈利路亚》(选自亨德尔的歌剧《弥赛亚》，又名《救世主》)等音乐作品，通过这些音乐崇拜活动来加强节日的喜庆气氛。

圣诞祝词

● 愿将我的怀念和祝福，浓缩在芬郁的卡片中，在此安谧的节日，默默送给你。

● 白色的雪、绿色的树，衬着红衫皓须的慈爱老人，驾着辘辘车报送平安，带给所有的人们！

● 平安夜，很平安，今夜如果祥和的旋律从你的梦中流过，那么你是否想到，是我跨越关山千万重来入梦。

● 钟声已响起，在久久的仰视中，有一片暖意在心头升起。

● 圣诞节踮着脚尖，轻快地走来，请迎着她轻轻地、轻轻地说出你心中的期待！

● 在经过了一段长长的冷寂后，圣诞节正向我们走来，也许她最珍贵的就是让人们摆脱寒冷，重归温馨的记忆。

● 面对圣诞，面对这样的节日里身边匆匆而过的人们，想起你，心中有一种感动：爱，便是这种无法言说的缘吧。

● 圣诞声中唤醒爱的氛围，只有爱——是一颗永恒的北斗，照亮我们的来路和我们的归途，让我们彼此珍惜。

● 钟声奏响了，久违的钟声，从12月的树梢沉进叶脉，向冬天的根部深入，我的灵魂迎接这至爱的暖流，我的心，深深祝福你！

● 在这生命复苏的季节，当记取爱是永不止息的！

● 请听，季节深处，一碧甜甜的清音，汩汩地流出。

● 且籍箴言般的钟声，传达我至爱的情怀！

● 送这张贺卡，或许它能道尽我心中的每一份祝福、每一种愿望，也能描绘我心中的每一道细节、每一个企盼，且寄予你深切的关怀。

● 美好的回忆中融进深深的祝福，温馨的思念里带去默默的祈祷，多多保重，如愿而归！

● 在这严冬愉悦的节日，愿籍这张小小的卡片遥祝你平安、幸福！

● 愿你有一个银白色的圣诞。

● 一份小小的贺卡，一声亲切的问候，愿你佳节快乐，圣诞开心！

● 在这阔别的岁月里，悠悠思念，且借此小小卡片，为我们的友情加温，也愿它带给你快乐无数，在这洁白的圣诞节日！

● 岁月悠悠，时光如流，恰是怀念最多时，且寄予无限的祝福，祝圣诞快乐！

● 愿圣诞的欢乐和温馨，带给你家无边的幸福。

● 献上祥和与爱心，在圣诞以至永远！

● 岁月如诗，句句悠肠；友谊如歌，余音绕梁；温馨季节，思念满怀——愿你圣诞快乐！

- Merry Christmas and Best Wishes for a Happy New Year!
- Beautiful dream comes true.
- Bring you Good wishes of happiness. This Christmas and on the coming year.
- During this Season may the Joy and Love of Christmas be yours.
- Each Christmas brings me wonderful thoughts and memories... and you get lots of presents, Oh well, Merry Christmas.
- Greeting you warmly with a wish that's sincere for a healthy happy and wonderful days.
- Have a heartwarming holiday! Warmest wishes for a very merry Christmas.
- Have a Wonderful Holiday Season!
- Here are special greetings And the best of wishes, too—May Christmas and the coming year Bring happiness to you!
- Hope your holiday is great and your New Year a prosperous one.
- Hope your holidays are filled with all you favorite things this Christmas ... and all the happiness you could wish for.
- I could always tell that you wrapped Santa's presents.
- I hope you will join with me in bringing in the new spring. HAPPY HOLIDAYS!
- In our hearts, we'll always be near Merry Christmas!
- Joy to the World. Wishing you an extremely merry Christmas.
- Joyous Christmas! Warm Holiday Wishes!
- May Happiness follow wherever you go.

- May Peace and Happiness be with you at this holy Christmas season and always.

- May magic fill your days and all your dreams come true this holiday season.

- May the blessings of Christmas fill your heart with hope and joy!

- May the joy and peace of Christmas be with you today and always.

- May the light of our Savior's love be with you at Christmas and always... and all the happiness you could wish for.

- May the light of the holiday season shine brightly in your heart.

- May the magic of this Christmas season fill your heart with peace.

- May you be blessed with all things bright and beautiful at Christmastime and always.

- May your Christmas be merry as a song and your heart be happy the whole year long!

- May your days be filled with love and light wanted.

- Merry Christmas ... and all the happiness you could wish for.

- Merry Christmas and then happy days over and over again !

- Peace on earth, good will to men...

- Season's Greetings and Best Wishes for the Coming Year.

- Sending you wishes for holidays that begin and on a happy note. Wishing you happiness always.

- Sing a song of seasons; Something bright in all ...

- Sleight bells are jingling through the night. Children are singing spirits and bright ... Merry Christmas!

- Should you see flowers in bloom, you would see smiles at a lover of

beauty.

● Thanks for making every thing right! Merry Christmas!

● The Christmas we were going to tell everyone that the real meaning of the Season was not gifts ...

● The presents are wrapped, the stockings all hung, all that's left now is the holiday fun! Merry Christmas!

● This holiday season, it seems everyone is watching their weight...

● To be frazzled! Best wishes for a calm and peaceful and Holiday Season!

● To wish you all the joy of Christmas and happiness all through the New Year.

● To wish you happiness at Christmas time.

● To wish you happiness for the Christmas season and the coming year.

● We wish you a Merry Christmas & a Happy New Year.

● Wishing you a bright white holiday full of love...

● Wishing you a happy Christmas and to hope the New Year too. Will be a very prosperous healthy and happy time for you ...

● Wishing you all the blessings of a beautiful Christmas seasons.

● Wishing you all the joys of the Christmas season and have very Happy New Year may you enjoy good health in the coming year.

● Wishing you and those around you a very merry Christmas and a wonderful New Year.

● Wishing you the Gifts of Peace and Happiness this Christmas and throughout the New Year.

SEASONS GREETINGS

20 种语言说"圣诞快乐"

China(中国)—Sheng Dan Kuai Le

Italy(意大利)—Bion Natale

Belgium(比利时)—Zalige Kertfeest

Mexico(墨西哥)—Feliz Navidad

Denmark(丹麦)—Glaedelig Jul

Netherlands(荷兰)—Hartelijke Kerstroeten

Sweden(瑞典)—God Jul

Norway(挪威)—Gledelig Jul

England(英国)—Happy Christmas

Poland(波兰)—Boze Narodzenie

Finland(芬兰)—Hauskaa Joulua

Portugal(葡萄牙)—Boas Festas

France(法国)—Joyeux Noel

Romania(罗马尼亚)—Sarbatori vesele

Germany(德国)—Frohliche Weihnachten

Russia(俄罗斯)—Hristos Razdajetsja

Greece(希腊)—Eftihismena Christougenna

Spain(西班牙)—Felices Pascuas, Feliz Navidad

Ireland(爱尔兰)—Nodlig mhaith chugnat

参考书目

王际云编.圣诞节——平安夜的祝福:节日文化丛书。上海:上海文化出版社,2002

文蕴秋编.母亲节——五月的阳光:节日文化丛书。上海:上海文化出版社,2002

陈丽编.情人节——圣瓦伦丁的玫瑰:节日文化丛书。上海:上海文化出版社,2002

胡虹编.万圣节——南瓜灯的传说:节日文化丛书。上海:上海文化出版社,2002

周小进编.愚人节——快乐的陷阱:节日文化丛书。上海:上海文化出版社,2002

周瑾.圣诞欢乐颂.长沙:湖南文艺出版社,2002

萧桥,情人节夜曲.长沙:湖南文艺出版社,2002

[德]玛丽安妮·梅林.圣诞节探源.曹乃云译,上海:上海译文出版社,1992

白树勤.英美文化之旅.北京:中国商业出版社,2004

卢正言等.中外节日丛话.上海:上海书店,2000

刘刚等编.节日的故事.北京:中国旅游出版社,2004

陈琳华.美国传统节日.北京:旅游教育出版社,1990

赵一舟.礼仪丛书:我们的庆节.石家庄:河北天主教信德室出版,1998

高福进.由独享利共有——西方人的习俗礼仪与文化.上海:上海辞书出版社,2003

康志杰.基督教的礼仪节日:基督教文化丛书.卓新平主编.北京:宗教文化出版社,2000

Harvey M.Taylor.英语国家的节日风情.北京:北京大学出版社,1995

许华应主编.世界三大宗教文化博览:基督教文化.吉林:长春出版社,1992

杨慧林等主编.基督教文化百科全书.济南:济南出版社,1991

网络资料

1. 白树勤主编.英美文化之旅.北京:中国商业出版社,2004.1~5

2. 陈琳华.美国传统节日.北京:旅游教育出版社,1990.161~162

3. 刘刚等编.节日的故事.北京:中国旅游出版社,2004.157~159

4. 刘刚,李辉编.150

5. 同上,163

6. 白树勤.5~7

7. 陈丽编.情人节——圣瓦伦丁的玫瑰:节日文化丛书.上海:上海文化出版社,2002 萧桥.情人节夜曲.长沙:湖南文艺出版社,2002 刘刚.167~168

8. 网络

9. 刘刚.167~168；高福进. 由独享利共有：西方人的习俗礼仪与文化. 上海：上海辞书出版社，2003.266~268

10. 刘刚,李辉编.节日的故事.北京:中国旅游出版社,2004.170

11. 网络,刘刚.178~179

12. 刘刚.179~181

13. 同上,184~185

14. 陈琳华.194~201;康志杰.183~201;高福进.256~260

15. [英]詹·乔·弗雷泽.金枝.北京:中国民间文艺出版社,1987.865~874

16. 周小进编.快乐的陷阱——愚人节.上海:上海文化出版社,2002;高福进.282~285

17. 刘刚 190~191

18. 同上,197~198

19. 同上,201~203

20. 刘蕴秋编.五月的阳光——母亲节.上海:上海文化出版社,2002

21. 刘刚.204~205

22. 同上,208~209

23. 同上,212~214

24. 同上,215~218

25. 弗雷泽.875~292

26. 刘刚.222~223

27. 同上,234~36;白树勤.33~36

28. 胡虹.南瓜灯的传说——万圣节.上海:上海文化出版社,2002

29. 弗雷泽.892~898

30. 刘刚.241

31. 陈琳华.226~39;白树勤.36~40

32. 刘刚.249~250

33. 同上,251~253

34. 同上,253~254

35. 王际云编.圣诞节——平安夜的祝福:节日文化丛书.上海:上海文化出版社,2002;周瑾.圣诞欢乐颂.长沙:湖南文艺出版社,2002; (德)玛丽安妮·梅林.圣诞节探源.曹乃云译.上海:上海译文出版社,1992;陈琳华.242~258

西方传统节日一览表

日　　　　期	节日名称	国家 / 地区
1 月 1 日	新年(New Year's Day)	欧美
1 月 5 日~7 日	白人和黑人节	哥伦比亚
1 月 19 日	洗礼节(Baptism Day)	欧美
2 月 2 日	土拨鼠节(Groundhog Day)/圣烛节(Candl emas)	美国宾夕法尼亚州
2 月 14 日	情人节(St. Valentine's Day)	欧美
2 月中下旬	狂欢节(Carnival)	欧美
3 月 17 日	圣派翠克节(Saint Partric's Day)	爱尔兰
3 月 15 日~19 日	火节(Fallas Festival)	西班牙
3 月~4 月间	枫糖节(Maple Sugar Festival)	加拿大
3 月 22 日~4 月 25 日之间(春分圆月后第一个星期日)	复活节(Easter)	欧美
4 月 1 日	愚人节(April Fool's day)	欧美
4 月第一个周日始	赛维亚圣周(Sevilla Holyweek)	西班牙
4 月 30 日	巫婆节(Witch's Day)	中欧
5 月第二个星期六	风车节(Windmill Day)	荷兰
5 月第二个星期日	母亲节(Mother's Day)	欧美
5 月第二个星期日	抛猫节	比利时
5 月 15 日	郁金香花节(Tulip Day)	荷兰、加拿大
6 月第一个星期日	玫瑰节(Rose Day)	保加利亚
6 月 21 日~24 日间的一天	仲夏节/圣约翰节(Mid–Summer Day)	欧洲
7 月 6 日~14 日	奔牛节(San Fermin Bull–running Festival)	西班牙
10 月 6 日~31 日	塞林万圣节/鬼怪嘉年华	美国马萨诸塞州
11 月 1 日	万圣节(All Saints' Day)	欧美
11 月 9 日~11 日	国际草裙舞节	美国夏威夷
11 月最后一个星期四	感恩节(Thanksgiving Day)	美国、加拿大
12 月 6 日	圣尼古拉斯降临日	荷兰
12 月 12 日	瓜达卢佩圣母节	墨西哥
12 月 13 日	圣露西亚节(Saint Lucia's Day)	瑞典
12 月 25 日	圣诞节(Christmas)	欧美为主